I0464449

Vorwort

In diesem Buch möchte ich Ihnen einen Überblick zu den Neuerungen in SQL Server 2014 geben. Ich zeige Ihnen die Installation und die Neuerungen in der Praxis und gehe auch darauf ein, wie Sie SQL Server 2014 zusammen mit Windows Azure betreiben.

Ich zeige Ihnen auch, wie Sie die neuen, speicheroptimierten Tabellen nutzen, Datensicherungen verschlüsseln und wie Sie zu SQL Server 2014 aktualisieren.

Wenn Sie mehr Praxis zu SQL Server von mir lesen wollen, empfehle ich Ihnen mein Handbuch zu Microsoft SQL Server 2012 bei Microsoft Press. Die meisten Anleitungen funktionieren in SQL Server 2014 noch genauso, die Neuerungen lesen Sie in diesem Buch.

Auf meinem Blog finden Sie zahlreiche Links zu weiteren Artikeln und Videotrainings. Viele stehen kostenlos zur Verfügung, andere kosten etwas Geld. Alle haben aber eines gemeinsam: Sie lohnen sich und wurden von einem Praktiker für Praktiker erstellt:

http://thomasjoos.wordpress.com

Ich wünsche Ihnen viel Spass mit SQL Server 2014!

Ihr

Thomas Joos

Bad Wimpfen, im September 2014

Inhaltsverzeichnis

SQL Server 2014 – Die Neuerungen im Überblick

In den folgenden Abschnitten zeigen wir Ihnen die Neuerungen in SQL Server 2014. In den weiteren Abschnitten in diesem Buch zeigen wir Ihnen, wie Sie diese Funktionen in der Praxis einsetzen. Mit SQL Server 2014 will Microsoft den Datenbank-Server endgültig mit der Cloud, genauer gesagt Microsoft Azure, verschmelzen. Wir zeigen daher in diesem Buch auch die Zusammenarbeit von SQL Server 2014 mit den Cloud-Funktionen in Microsoft Azure. Hier hat sich einiges interessante getan.

Hinzu kommen deutliche Verbesserungen im Bereich der Datenverarbeitung für Business Intelligence. Wir gehen in diesem Buch auch auf diese Neuerungen ein und zeigen den Umgang mit SQL Server 2014 in der Praxis. Auch die neuen Voraussetzungen und Einschränkungen erfahren Sie in diesem Buch.

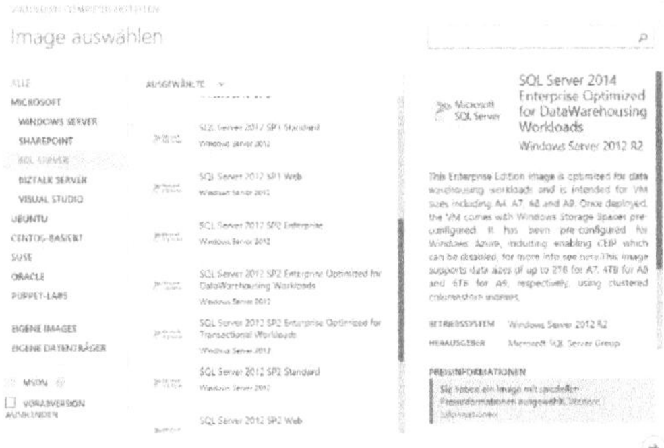

***Abbildung 1.1:** SQL Server 2014 lässt sich in Windows Azure auch als virtueller Computer bereitstellen*

In SQL Server 2014 verfügt das Datenbankmodul in der Standard Edition zum Beispiel nur noch über eine Speicherkapazität von 128 GB. In SQL Server 2012 verfügt das Datenbankmodul in der Standard Edition über eine Speicherkapazität von 648 GB. Das sollten Administratoren vor der Migration zu SQL Server 2014 wissen.

Interessant in diesem Zusammenhang ist auch, dass große Unternehmen, wie BMW oder die Lufthansa, bereits produktiv mit SQL Server 2014 arbeiten. Das liegt nicht zuletzt daran, dass SQL Server 2014 eng mit den neuen Speicherfunktionen wie Speicherpools und iSCSI von Windows Server 2012/2012 R2 zusammenarbeitet.

Editionen im Überblick und wichtige Web-Ressourcen

SQL Server 2014 steht hauptsächlich in drei Editionen zur Verfügung. Die Enterprise Edition wurde für geschäftskritische Anwendungen und Data Warehouses entwickelt. SQL Server 2014 Business Intelligence Edition hat den Bereich BI zentral im Fokus, wie bereits bei SQL Server 2012.

Weiterhin gibt es die Standard Edition, Web Edition und natürlich die kostenlose Express-Edition (http://msdn.microsoft.com/de-de/library/dn434042.aspx). Generell gibt es bezüglich der Editionen also keine großen Neuerungen im Vergleich zu SQL Server 2012. Business Intelligence kostet etwa das Doppelte der Standard-Edition, die Enterprise-Edition kostet noch einmal das Doppelte. Dafür erhalten Sie nur in der Enterprise-Edition die In-Memory-Funktionen, doch dazu später mehr.

SQL Server 2014 verfügt außerdem über das neue Visualisierungs-Tool Data Explorer. Das Tool bietet Datenanalysen in Excel und kann mit relationalen, strukturierten und semi-strukturierten Datenquellen zusammenarbeiten. Beispiele dafür sind OData und Hadoop.

Das Datenblatt von SQL Server 2014 (http://download.microsoft.com/download/D/7/D/D7D64E12-C8E5-4A8C-A104-C945C188FA99/SQL_Server_2014_Datasheet.pdf) steht bei Microsoft zum Download zur Verfügung, das gilt auch für den Product Guide (http://www.microsoft.com/en-us/download/details.aspx?id=39269).

Auf dem Blog der SQL-Entwickler (http://blogs.technet.com/b/dataplatforminsider) finden sich weitere Informationen zu SQL Server 2014 und dessen neue Funktionen. Eine 180-Tage-Testversion ist auf der Seite http://technet.microsoft.com/de-de/evalcenter/dn205290.aspx zu finden. Es gibt auch die Möglichkeit SQL Server 2014 über Microsoft Azure zu testen. Die entsprechenden Links dazu sind auf der Evaluierungs-Seite von SQL Server 2014 zu finden. Sie können zum Beispiel in Microsoft Azure eine VM erstellen und diese gleich mit SQL Server 2014 ausstatten. Wie das geht, lesen Sie in diesem Buch.

Lizenzierung von SQL Server 2014

Bei der Standard-Edition können Sie eine Serverlizenz kaufen und für jeden Benutzer eine Benutzerlizenz (CAL). Außerdem haben Sie die Möglichkeit auch pro Prozessorkern zu lizenzieren. Was schlussendlich günstiger ist, müssen Sie bei einem Lizenzspezialisten ausrechnen lassen. Sie müssen mindestens 4 Kerne pro Prozessor lizenzieren, CALs sind in diesem Fall keine mehr notwendig.

Sie können bei den Benutzer-Lizenzen auch zwischen Geräte-CALs und Benutzer-CALs wählen. Auch hier sollten Sie ausrechnen lassen, was günstiger für Sie ist. Geräte-CALs gelten für einzelne Geräte, bei denen dann alle Anwender auf SQL-Server zugreifen dürfen. Bei Benutzer-CALs wiederum dürfen Anwender mit so vielen Geräten zugreifen, wie sie im Einsatz haben. Eine SQL Server 2012-CAL berechtigt nicht zum Zugriff auf einen SQL Server 2014. Allerdings berechtigt eine SQL Server 2014-CAL zum Zugriff auf einen SQL Server 2012.

Die Business-Intelligence-Edition können Sie nur nach dem CAL-Modell lizenzieren, hier fällt die Möglichkeit der Lizenzierung nach Prozessorkern weg.

Die Enterprise-Edition bietet die Möglichkeit nach Prozessorkern zu lizenzieren, keine anderen Methoden. Sie müssen mindestens 4-Kerne lizenzieren.

Mehr zur Lizenzierung von SQL Server 2014 lesen Sie auf der Seite http://www.microsoft.com/de-de/licensing/produktlizenzierung/sql-server-2014.

SQL Server 2014 - Voraussetzungen

Für SQL Server 2014 benötigen Sie nicht unbedingt Windows Server 2012/2012 R2, auch wenn das grundsätzlich zu empfehlen ist. Sie können die Datenbank auch auf Servern mit Windows Server 2008 SP2/2008 R2 SP1 oder für Testzwecke auch auf PCs mit Windows 7/8.1 installieren. Für die Installation auf Servern mit Windows Server 2008 SP2 benötigen Sie ein Update (http://support.microsoft.com/?kbid=956250).

Um SQL Server 2014 zu installieren, brauchen Sie das .NET Framework 3.5 SP1 (http://www.microsoft.com/de-de/download/details.aspx?id=22) auf dem Server. Dieses können Sie in Windows Server 2012/2012 R2 über den Server-Manager installieren. Wir gehen dazu später noch ausführlich ein. Der Installationsassistent bricht ab, wenn das .NET Framework 3.5 SP1 nicht verfügbar ist, das heißt Sie sollten die Erweiterung vor dem SQL-Setup installieren.

Zusätzlich benötigt SQL Server 2014 noch .NET Framework 4.0. Diese Software wird aber automatisch durch den Installationsassistent von SQL Server 2014 auf dem Server installiert. Ansonsten brauchen Sie für die Installation von SQL Server 2014 keine Vorbereitungen treffen.

SQL Server 2014 wird offiziell auch für die Virtualisierung mit Hyper-V unterstützt. Sie können auch Gast-Cluster aufbauen, also einen Cluster, der auf Basis von virtuellen Servern erstellt wird. Zusammen mit Shared-VHDX, haben Sie so mit Windows Server 2012 R2 die Möglichkeit Datenspeicher und Server komplett zu virtualisieren, auch beim Betrieb von Clustern.

Als Arbeitsspeicher empfiehlt Microsoft mindestens 1 GB, besser 4 GB und mehr. Sollen Datenbanken auch noch in den Arbeitsspeicher ausgelagert werden, muss auf dem Server die entsprechende Menge zur Verfügung stehen. Zur Installation der Data Quality Server-Komponente in Data Quality Services (DQS), sind mindestens 2 GB RAM erforderlich. Diese Technologie wurde bereits mit SQL Server 2012 eingeführt und mit SQL Server 2014 weiter entwickelt.

Als Prozessor werden die üblichen Angaben genannt, die in der Praxis aber selten sinnvoll sind. Um effizient einen Server mit SQL Server 2014 zu betreiben, sollte im Server ein aktueller Prozessor, besser mehrere, eingebaut sein. Wie SQL Server 2012, können Sie auch SQL Server 2014 auf Core-Installationen von Windows Server 2008 R2/2012/2012 R2 installieren.

Nachdem Sie das .Net Framework 3.5 SP1 auf dem Server installiert haben, läuft die Installation von SQL Server 2014 ähnlich ab, wie die Installation von Vorgängerversionen. Hier gibt es keine signifikanten Unterschiede, auf die es sich lohnt einzugehen. Nach der Installation starten Sie die Verwaltungstools genauso wie in SQL Server 2012 oder früher. Die neuen Funktionen wie OLTP und Azure-Backup sind in die einzelnen Assistenten eingebettet worden. Wir zeigen diese Technologien noch in der Praxis.

In-Memory-Datenbanken in den RAM auslagern - Überblick

SQL Server 2014 erlaubt jetzt auch das Betreiben kompletter Datenbanken direkt im Arbeitsspeicher. Diese In-Memory-Technologie mit dem Entwicklungs-Namen „Hekaton", oder offiziell Online Transaction Processing (OLTP) genannt, beschleunigt enorm die Abfragen für integrierte Datenbanken. Wir gehen später noch ausführlicher in der Praxis auf diese Möglichkeiten ein.

Bei Hekaton handelt es sich um die wichtigste Neuerung von SQL Server 2014. Durch das Verwenden der Technologie lassen sich Datenbanken, laut Microsoft, um den Faktor 10-50 beschleunigen. Vor allem für den Betrieb leistungsstarker Datenbanken kann das eine wichtige Rolle spielen. Allerdings ist Hekaton nur in der Enterprise-Version von SQL 2014 dabei. Die Editionen Standard, BI, Web und Express unterstützen das In-Memory-System leider nicht. Wir kommen später in diesem Buch auf diese Technologie in der Praxis zurück. Einfach ausgedrückt können Administratoren über Assistenten festlegen, welche Tabellen einer Datenbank direkt im Arbeitsspeicher gespeichert werden sollen und dadurch Abfragen deutlich beschleunigen.

Eine weitere, wichtige Neuerung in SQL Server 2014 sind die gruppierten Columnstore-Indizes auch „Apollo" genannt. Hierbei handelt es sich um den Nachfolger der ungruppierten Columnstore-Indizes von SQL Server 2012. Sie können einen Index für Daten erstellen, der die Daten in den Hauptspeicher auslagern kann. Neu in SQL Server 2014 ist die Möglichkeit die Daten auch zu gruppieren. Die Daten lassen sich also direkt nutzen, es ist keine Doppelspeicherung mehr notwendig. Das entlastet die Speicherung und bietet Entwicklern zahlreiche neue Möglichkeiten.

Alle Daten gibt es nur noch In-Memory. Dazu hat Microsoft auch die Komprimierung verbessert, sodass diese Daten nicht mehr so viel Arbeitsspeicher benötigen. Laut Microsoft sind die Daten im Arbeitsspeicher nur noch etwa 7% so groß, wie die originalen Daten. Eine weitere Neuerung in diesem Bereich ist die Möglichkeit die Daten auch aktualisieren zu können. Sie können die Daten daher nicht mehr nur lesen, sondern auch aktualisieren, wenn diese im Speicher des Servers abgelegt werden. Das erspart die Neuerstellung eines solchen Indexes. Auch auf diesen Sachverhalt gehen wir in diesem Buch noch ausführlicher ein.

SQL Server 2014 kann auch Ausführungspläne wesentlich besser betreiben und vor allem für den Business-Intelligence-Bereich optimieren. Die neue Kardinalitätsschätzung übernimmt diese Aufgabe. Allerdings besteht bei dieser Neuerung die Gefahr, dass manche Abfragen langsamer durchgeführt werden. Stellen Sie das in Ihrer Umgebung fest, macht es Sinn, wenn Sie das Trace-Flag 8481 für die SQL 2012-Version dieser Funktion aktivieren. Die neue Version hat das Trace-Flag 2312. Sie können zwischen diesen Flags hin und her wechseln. Mehr dazu lesen Sie in der MSDN (http://msdn.microsoft.com/de-de/library/dn600374.aspx)

Da auch in Unternehmen immer mehr SSD-Datenträger auf Servern integriert werden, profitiert das neue Datenbank-System besonders von der Unterstützung von SSD. SQL Server 2014 arbeitet hierzu optimal mit SSD-Festplatten zusammen und kann im laufenden Betrieb Daten auf eine SSD auslagern, ohne dass die Benutzer von der Verwendung der Datenbank unterbrochen werden. Dazu hat Microsoft eine spezielle Erweiterung in SQL Server 2014 integriert, die Datenbank-Pages direkt auf SSD speichern kann. Der Cache von Datenbanken lässt sich jetzt also problemlos auf SSD auslagern. Dazu sind die wichtigsten Daten im Arbeitsspeicher ausgelagert und die weniger wichtigen Daten auf SSD. Sobald eine neue Page benötigt wird, liest der Server die Daten von der SSD wieder in den Arbeitsspeicher.

Interessant in diesem Zusammenhang, ist auch die Möglichkeit Daten in der neuen Version spaltenorientiert zu indexieren und zu komprimieren. Datenbank-Entwickler können jetzt also auf verschiedene Möglichkeiten zurückgreifen Datenbanken leistungsstärker zur Verfügung zu stellen. Die Abfrage *Select...Into* lässt sich jetzt parallel nutzen. Dazu muss die Datenbank aber mindestens auf den Kompatibilitätsgrad von SQL Server 2012 (110) gesetzt sein, besser auf SQL Server 2014 (120).

SQL Server 2014 unterstützt bis zu 640 logische Prozessoren und bis zu 4 Terabyte Hauptspeicher. Virtualisieren Sie SQL Server 2014, lassen sich bis zu 64 virtuelle Prozessoren und bis zu 1 TB Speicher pro virtuellem Server nutzen. Wie schnell zu sehen ist, hat Microsoft einen großen Schwerpunkt auf die Leistungssteigerung des Datenbank-Servers gelegt. Wir kommen in den weiteren Abschnitten noch ausführlicher auf dieses Thema zurück.

Hochverfügbarkeit mit AlwaysOn und Cloud

Im Bereich der Hochverfügbarkeit bietet SQL Server 2014 die Möglichkeit bis zu 8 Replikate über AlwaysOn-Verfügbarkeitsgruppen zu erstellen. SQL Server 2012 hat hier nur 4 Replikate unterstützt. Außerdem lassen sich in SQL Server 2014 sekundäre Replikate auch dann weiter nutzen, wenn primäre Replikate ausfallen. Sinnvoll ist das beim Verwenden von Berichten.

In SQL Server 2014 können Sie als Replikatserver nicht nur lokale Datenbanken nutzen, sondern auch VMs in Windows Azure. Wie Sie diese einrichten, zeigen wir Ihnen noch ausführlich in diesem Buch. Innerhalb der Steuerung von AlwaysOn, binden Sie Azure VMs genauso an, wie lokale Server. Im Assistenten zum Einrichten von AlwaysOn steht dazu eine eigene Option für die Anbindung von Azure-VMs zur Verfügung.

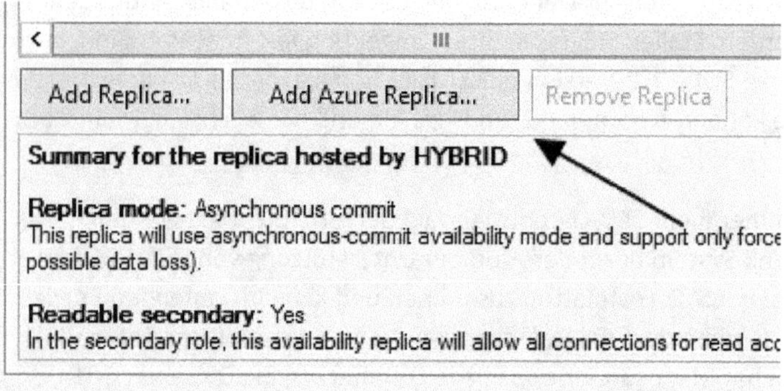

***Abbildung 1.2:** An Hochverfügbarkeitsgruppen können Sie jetzt auch Azure-VMs anbinden*

Vieles ist nur in der Enterprise-Edition möglich. Einschließlich dieser zwei Replikate, lassen zwei synchrone sekundäre Replikate erstellen. Die anderen Replikate sind immer zeitverzögert. Die Editionen Business Intelligence und Standard erlauben zwei Knoten in einem Cluster, bei der Enterprise Edition dürfen Sie das Maximum des Betriebssystems nutzen. Nutzen Sie eine Azure-VM zur Replikation, können Sie diese über den Assistenten anlegen lassen. Dazu müssen Sie das Azure-Abo mit dem SQL Server Management Studio verbinden. Wir gehen in diesem Buch auf diesen Sachverhalt ein.

Zusätzlich bindet sich SQL Server 2014 auch in anderen Bereichen eng an Microsoft Azure an. Sie können jetzt Datenbanken aus dem Management-Studio, ohne Zusatztools, in der Cloud sichern und aus der Cloud wiederherstellen. Die dazu gehörigen Assistenten hat Microsoft in der SQL Server Management Studio integriert. Auch die direkte Zusammenarbeit mit Datenbanken in Microsoft Azure und virtuelle Server auf Basis von Windows Azure hat Microsoft verbessert. Betreiben Sie einen virtuellen Server mit SQL Server 2014 in Windows Azure, können Sie diesen als Clusterknoten in die AlwaysOn-Verfügbarkeitsgruppen einbinden und Datenbanken zwischen den Servern verschieben. Auch dazu kommen wir in diesem Buch noch ausführlich.

In Hybrid-Cloud-Umgebungen kann SQL Server 2014 lokale Datenbanken und Datenbanken in Windows Azure parallel steuern und Anwendern zur Verfügung stellen. Außerdem wurden neue Assistenten integriert mit denen die Migration, Synchronisation und der Datenaustausch zwischen Cloud und lokalen Servern gesteuert wird. Die Einrichtung zeigen wir Ihnen in diesem Buch noch ausführlicher.

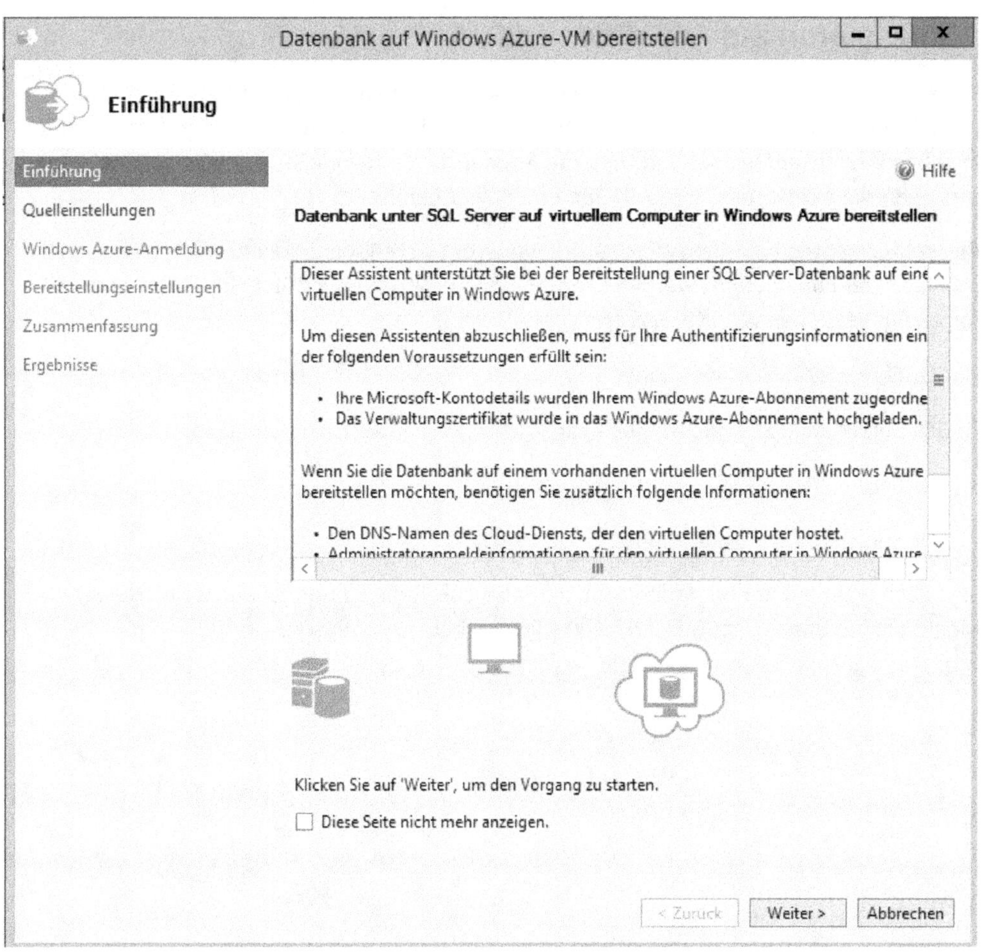

Abbildung 1.2: *Über Assistenten können Sie einzelne Datenbanken in Windows Azure auslagern*

Aktualisieren auf SQL Server 2014

Setzen Sie eine Vorversion von SQL Server 2014 ein, können Sie auf SQL Server 2014 aktualisieren. Das ist bei einer neuen SQL Server-Version keine Überraschung. Dazu stellt der Installationsassistent wieder den Upgrade Advisor zur Verfügung, der den Quell-Datenbank-Server für die Aktualisierung zu SQL Server 2014 vorbereitet.

Diesen Assistenten hat Microsoft deutlich weiterentwickelt, damit die Aktualisierung problemloser durchgeführt werden kann. SQL Server 2014 unterstützt ein Upgrade von folgenden Versionen von SQL Server:

- SQL Server 2005 SP4 oder höher
- SQL Server 2008 SP3 oder höher
- SQL Server 2008 R2 SP2 oder höher
- SQL Server 2012 SP1 oder höher

Sie haben während der Migration auch die Möglichkeit die Edition zu wechseln. Welche Möglichkeiten unterstützt werden, zeigt Microsoft auf der Webseite http://msdn.microsoft.com/de-de/library/ms143393.aspx.

Step-by-Step: SQL Server 2014 installieren

Auf den folgenden Seiten gehen wir darauf ein, wie Sie SQL Server 2014 auf einem neuen Server installieren und von vorhergehenden Versionen zu SQL Server 2014 aktualisieren.

Die Installation von SQL Server 2012 benötigt *.NET Framework 3.5 SP1*. Dieses installieren Sie am schnellsten über den Server-Manager in Windows Server 2012 R2. SQL Server 2014 benötigt zusätzlich noch .NET Framework 4.0. Dieses installiert der Setup-Assistent automatisch. Hier müssen Sie keine Vorbereitungen treffen.

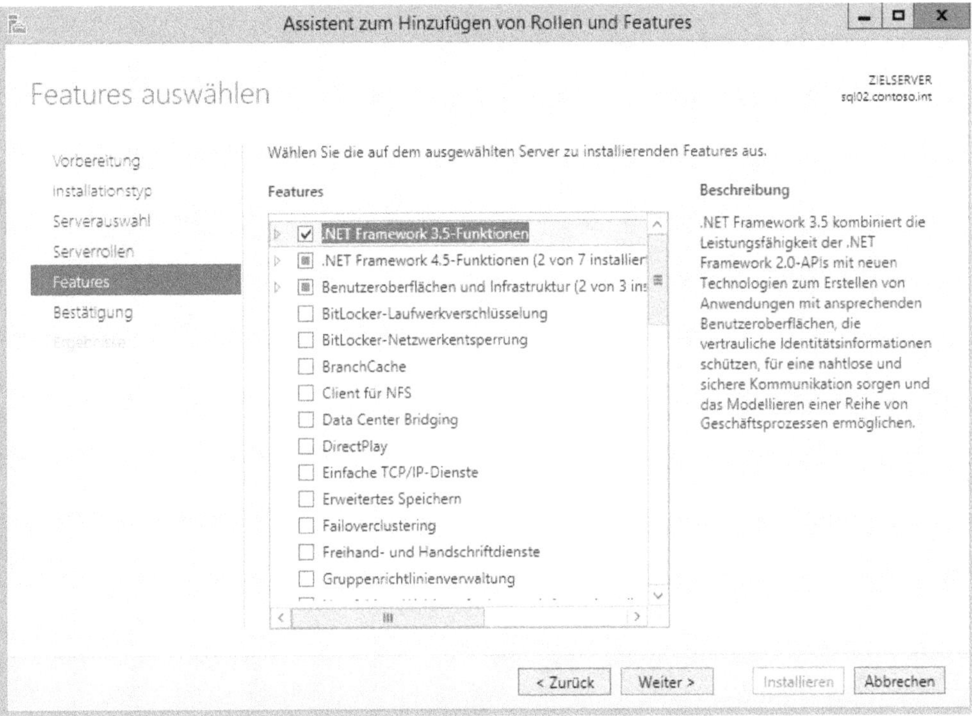

Abbildung 1.3: *Für SQL Server 2014 benötigen Sie noch das .NET Framework, welches Sie über den Server-Manager installieren*

Sie können SQL Server 2014 auch auf Core-Servern installieren. Dabei bestehen die gleichen Voraussetzungen. Der Installations-Assistent von SQL Server 2014 unterstützt auf Core-Servern keine grafische Oberfläche. Sie müssen die Installation mit den Optionen */q* oder */qs* im stillen Modus durchführen. Außerdem können Sie auf Core-Servern nur eine Neuinstallation durchführen. Ein Update ist nicht möglich.

Haben Sie alle Voraussetzungen geschaffen, legen Sie den Installationsdatenträger ein und beginnen die Installation. Sie finden die entsprechenden Links zur Installation in der Oberfläche des Installations-Assistenten, wenn Sie auf *Installation* klicken.

Systemkonfigurationsüberprüfung durchführen

Bevor Sie SQL Server 2014 installieren, sollten Sie Installations-Assistenten zunächst die *Systemkonfigurationsüberprüfung* starten. Den Link dazu finden Sie direkt über die oberste Seite *Planen* der Installationsoberfläche.

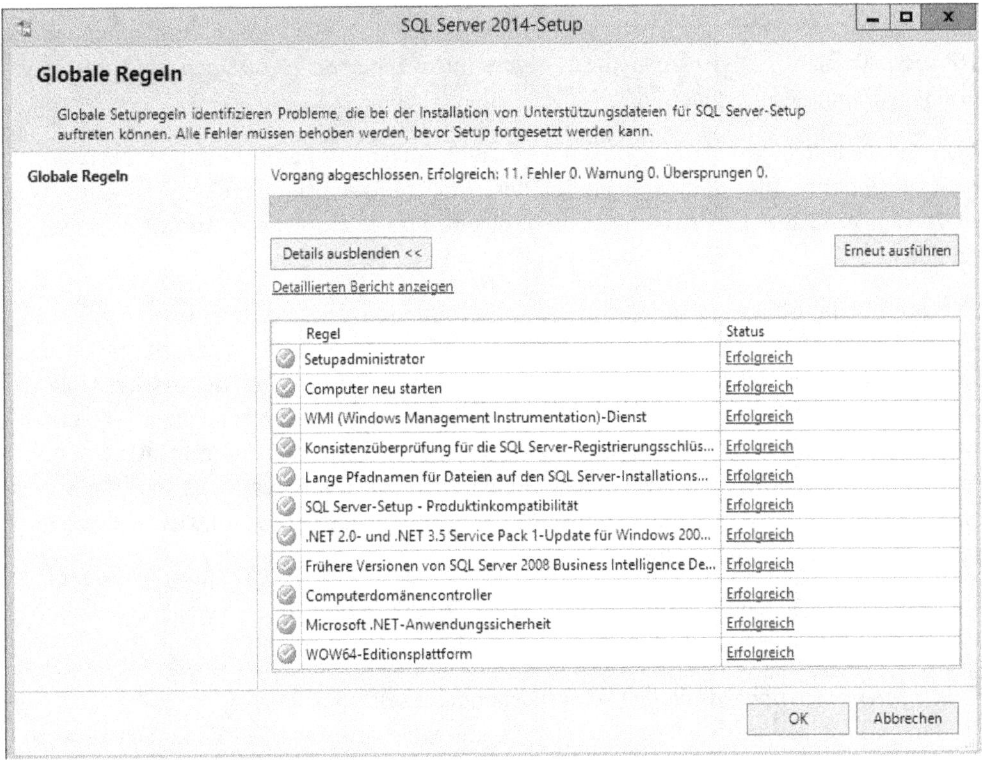

Abbildung 1.4: *Die Systemkonfigurationsüberprüfung testet ob auf dem Server problemlos SQL Server 2014 installiert werden kann*

Mit der Prüfung testen Sie den Server auf alle notwendigen Voraussetzungen und erhalten Meldungen, wenn bestimmte Voraussetzungen nicht erfüllt sind. Mit *Details anzeigen* werden die einzelnen Tests aufgelistet. Im oberen Bereich sehen Sie die erfolgreich abgeschlossenen Tests, Warnungen und Fehler.

Klicken Sie nach Abschluss der Tests auf einen Link in der Spalte *Status*, öffnet sich ein Fenster mit einem Hinweis um welche getestete Aktion es sich handelt und wo genau der Fehler liegt, falls ein Test nicht erfolgreich war.

Klicken Sie auf den Link *Detaillierten Bericht* anzeigen, öffnet sich ein Browserfenster und zeigt das Ergebnis noch genauer an. Sie können die Datei

SystemConfigurationCheck_Report.htm auch auf einen anderen Computer kopieren oder als Protokoll für die Installation verwenden.

Installation starten und Funktionen auswählen

Haben Sie die Systemkonfigurationsüberprüfung gestartet und den Server erfolgreich getestet, starten Sie die Installation von SQL Server 2014 über den Bereich *Installation* und der Auswahl von *Neue eigenständige SQL Server-Installation oder Hinzufügen von Funktionen zu einer vorhandenen Installation.*

Bevor Sie die Installation starten, klicken Sie in der Installationsoberfläche von SQL Server 2014 auf *Optionen*. Hier wählen Sie aus, ob der Installations-Assistent die 32-Bit- oder die 64-Bit-Version von SQL Server 2014 installieren soll und wo sich die Installationsdateien befinden.

Beim Starten der Neuinstallation testet der Assistent den Server, und Sie erhalten Informationen, ob Fehler vorliegen. Generell sollten Sie alle Fehler beseitigen, bevor Sie SQL Server 2014 installieren. Nach der Bestätigung weiterer Fenster, beginnt der Assistent mit seiner Arbeit. Erhalten Sie die Meldung, dass die Windows-Firewall noch konfiguriert werden muss, spielt das keine Rolle. Diese Aufgabe können Sie jederzeit nach der Installation durchführen. Die Konfiguration entspricht der Einrichtung in SQL Server 2012. In meinem Handbuch zu SQL Server 2012 bei Microsoft Press, gehe ich ausführlich auf dieses Thema und andere Konfigurationsaufgaben ein.

Auf der nächsten Seite wählen Sie aus, welche Setuprollen Sie installieren wollen. Sie haben hier drei verschiedene Möglichkeiten:

- *SQL Server-Funktionsinstallation* -- Hierbei handelt es sich um die Standardinstallationsrolle. Damit wählen Sie aus, welche Serverrollen Sie für SQL Server 2014 installieren. Sie können die Datenbankrolle installieren, aber auch alle anderen Rollen wie Analysis Services, Reporting Services, Integration Services und weitere Auswahlmöglichkeiten. Diese Option sollten Sie auswählen.

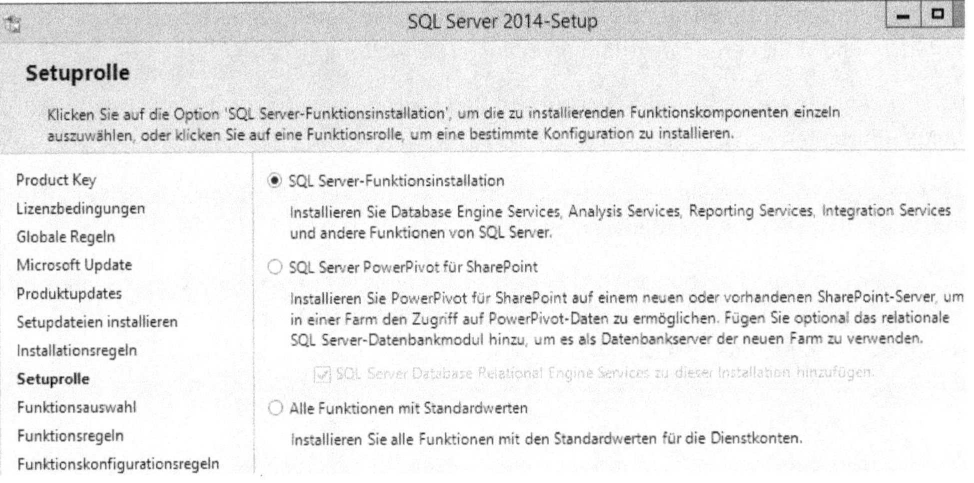

***Abbildung 1.5:** Auswählen der Installationsvariante*

- *SQL Server PowerPivot für SharePoint* -- Diese Installationsauswahl ermöglicht die Anbindung von SharePoint Server 2013 an SQL Server 2014 um PowerPivot-Funktionen zu nutzen.
- *Alle Funktionen mit Standardwerten* -- Bei dieser Auswahl installieren Sie alle vorhandenen Funktionen von SQL Server 2014 mit vorgegebenen Standardwerten.

Wählen Sie die Funktionsinstallation aus, können Sie auf der nächsten Seiten genau auswählen, welche Funktionen Sie installieren wollen. Sie können auch nach der Installation von SQL Server 2014 problemlos alle weiteren Funktionen nachinstallieren. Auch den Installationsordner können Sie an dieser Stelle auswählen. Der Ordner darf nicht komprimiert sein und sollte sich auf einem Datenträger mit dem NTFS-Dateisystem befinden.

In den meisten Fällen benötigen Sie zur Installation zunächst das wichtigste Modul, die *Database Engine Services*. Diese Funktion stellt die Datenbanken in SQL Server 2014 zur Verfügung. Um den Server verwalten zu können, sollten Sie noch *Verwaltungstools – Einfach* und *Verwaltungstools – Vollständig* installieren. Generell stehen folgende Funktionen zur Verfügung:

Database Engine Services -- Eigentliche Datenbank.

Analysis Services -- Business Intelligence und Data Warehousing.

Reporting Services -- Berichte erstellen.

Integration Services -- Ermöglicht das Einlesen von Fremddaten in SQL-Server um diese zum Beispiel in den Analysis Services weiter zu verarbeiten.

Master Data Services -- Erlaubt die Zusammenstellung von Daten aus verschiedenen Systemen und stellt deren Integrität und einfache Verwaltung sicher.

Data Quality Services -- Stellt die Qualität von Daten sicher, bevor der SQL-Server diese weiterverarbeiten kann.

Verwaltungstools -- Installiert die Verwaltungstools für die Verwaltung von SQL Server 2014, zum Beispiel das SQL Server Management Studio.

Sie können alle diese Komponenten auf einen Server installieren, oder die Komponenten auf verschiedene Server aufteilen, um die Leistung zu erhöhen. Auch eine Mischung verschiedener Komponenten ist möglich.

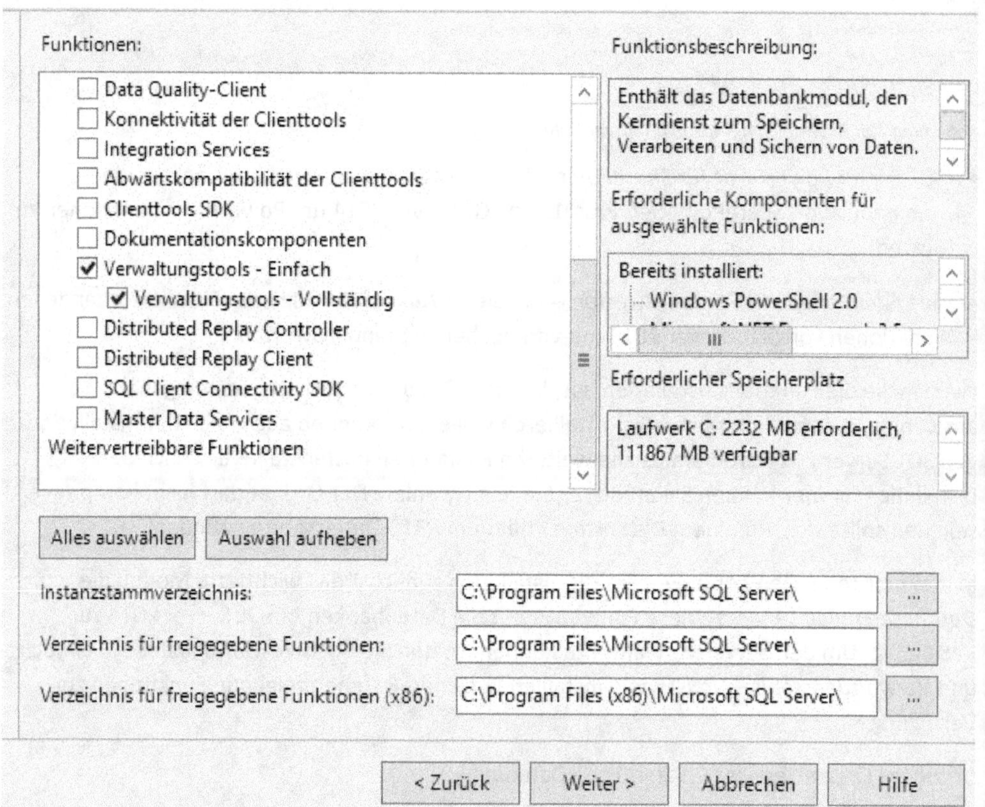

Abbildung 1.6: *Auswählen der zu installierenden Komponenten in SQL Server 2014*

Sie können jederzeit über das Setupprogramm weitere Funktionen installieren. Bei normalen Datenbankservern reichen meist folgende Funktionen aus:

- *Database Engine Services*

- *SQL Server-Replikation*
- *Volltext- und semantische Extraktion für die Suche*
- *Verwaltungstools – Einfach*
- *Verwaltungstools – Vollständig*
- *Dokumentationskomponenten*

Haben Sie die verschiedenen Rollen ausgewählt, testet der Assistent, ob alle notwendigen Voraussetzungen getroffen wurden.

Im nächsten Fenster wählen Sie die Instanz aus, mit der Sie SQL Server 2014 installieren wollen. Sie haben die Möglichkeit, auf einem Server mehrere Instanzen von SQL Server 2014 zu installieren. Installieren Sie nur eine Instanz, können Sie die Bezeichnung *MSSQLSERVER* und *Standardinstanz* belassen. Auch hier unterscheidet sich SQL Server 2014 nicht sehr von SQL Server 2012.

Instanzen sind logisch voneinander abgetrennt und verfügen über eine getrennte Benutzerverwaltung und Datenbankstruktur. Auch die Systemdienste der Instanzen sind weitgehend getrennt. Später bauen Sie zu einer Instanz mit der Syntax *<Name des Datenbankservers>\<Instanzname>* eine Verbindung auf. Der größte Vorteil dabei ist die logische Auftrennung der Verwaltung und der verschiedenen Datenbanken. Instanzen können Sie jederzeit nachträglich zu einer Standardinstanz installieren. Sind auf einem Server bereits Instanzen installiert, sehen Sie diese im unteren Bereich des Fensters.

Als Nächstes müssen Sie für die verschiedenen Systemdienste entsprechende Benutzerkonten hinterlegen. Auch den Starttyp des Diensts steuern Sie in diesem Fenster. Sie können hier jederzeit wieder Änderungen vornehmen und die Systemdienste unterschiedlich konfigurieren. Im Fenster hat der Assistent bereits die entsprechenden Dienste mit Benutzernamen hinterlegt.

Lassen Sie auf einem Server das Datenbankmodul installieren, erscheint im nächsten Fenster die Konfiguration der Datenbankfunktion. Hier wählen Sie aus, ob Sie die Datenbanken nur über Active Directory-Konten von Windows verwalten wollen, oder zusätzlich noch mit Benutzerkonten, die Sie in SQL Server anlegen.

Verwenden Sie den gemischten Modus, müssen Sie für den SQL-Administrator *sa* ein Kennwort eingeben. Zusätzlich legen Sie im Bereich *SQL Server-Administratoren* noch die Benutzerkonten aus Active Directory fest, welche Verwaltungsrechte auf dem Server haben sollen. Sie können an dieser Stelle weitere Benutzer hinzufügen oder den Benutzer verwenden, mit dem Sie SQL Server 2014 installieren.

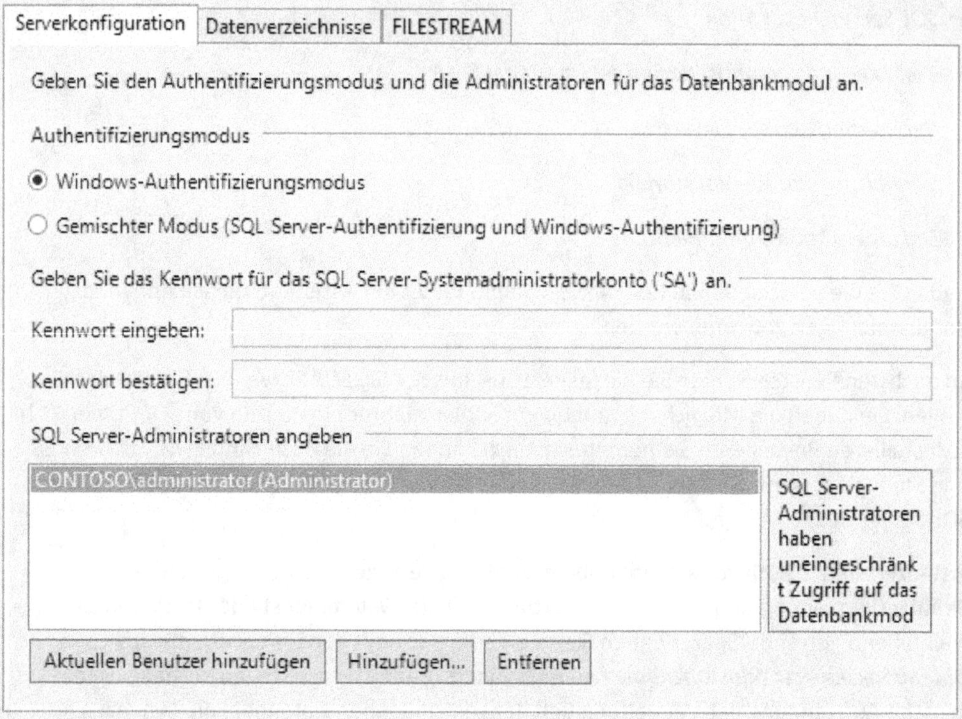

Abbildung 1.7: *Festlegen der Authentifizierung zur Verwaltung von SQL Server 2012*

Auf der Registerkarte *Datenverzeichnisse* legen Sie fest, wo Sie SQL Server 2014 installieren wollen und in welchen anderen Ordnern die verschiedenen Systemdateien abgelegt werden sollen. Auch in SQL Server 2014 sollten Sie am besten Systemdateien, Datenbankdateien und Transaktionsprotokolle auf unterschiedlichen Datenträgern speichern.

Auf der Registerkarte *FILESTREAM* aktivieren Sie den Zugriff des Servers auf das Dateisystem. Speichern Sie in Ihren Datenbanken auch sehr große Dateien, zum Beispiel beim Einsatz von SharePoint, ist es aus Gründen der Leistung sinnvoll mit diesen Daten nicht die Datenbank zu belasten und deren Größe unnötig zu erhöhen. Besser ist es in diesem Fall, die Daten direkt im Dateisystem zu speichern, aber dennoch für SQL verfügbar zu machen. Diese Möglichkeit steigert vor allem mit SQL Server 2014 die Leistung bei der Verarbeitung großer Objekte. Anschließend sehen Sie auf der letzten Seite des Assistenten noch eine Zusammenfassung und können SQL Server 2014 mit der Schaltfläche *Installieren* auf dem Server integrieren.

Installation des Servers nach der Installation überprüfen

Nach der Installation, können Sie die verschiedenen Serverdienste testen. Dazu haben Sie verschiedene Möglichkeiten. Zunächst starten Sie das *SQL Server-Installationscenter*. Über den Link *Bericht zur Ermittlung installierter SQL Server-Funktionen* startet ein Assistent, der einen Bericht über die installierten Funktionen erstellt. Der SQL Server-Ermittlungsbericht wird im Installationsverzeichnis gespeichert.

Sie können den Bericht auch skriptbasiert starten. Dazu rufen Sie das Setupprogramm von SQL Server 2014 in einer Eingabeaufforderung mit dem Befehl *Setup.exe /Action=RunDiscovery* auf. Verwenden Sie noch die Option */q,* erscheint keine grafische Oberfläche, sondern der Assistent speichert nur den Bericht.

Bei Ausführung des Setupprogramms, speichert der Assistent Protokolldateien im Ordner *%ProgramFiles%\Microsoft SQL Server\120\Setup Bootstrap\Log*. Wenn Sie das Setupprogramm in einem unbeaufsichtigten Modus starten, erstellt das Programm die Protokolle unter *%Temp%\sqlsetup*.log*. Um Fehler in den Dateien zu finden, durchsuchen Sie diese nach den Stichwörtern *error* oder *failed*.

Die Konfigurationsdatei *ConfigurationFile.ini* enthält die Eingaben, die Sie während der Installation angegeben haben. Sie können die Datei dazu verwenden um eine Installation neu zu starten ohne die Einstellungen manuell eingeben zu müssen. Kennwörter für die Konten und einige Parameter, speichert SQL Server 2014 aber nicht in der Konfigurationsdatei. Diese Einstellungen können Sie nachträglich der Datei hinzufügen oder über die Befehlszeile oder die Setupbenutzeroberfläche angeben. Der Speicherort der Datei ist *%ProgramFiles%\Microsoft SQL Server\120\Setup Bootstrap\Log\<JJJJMMTT_HHMMSS>*.

Informationen zum Setupvorgang oder zu möglichen nächsten Schritten:

Funktion	Status
Verwaltungstools - Vollständig	Erfolgreich
Verwaltungstools - Einfach	Erfolgreich
Database Engine Services	Erfolgreich
Volltext- und semantische Extraktion für die Suche	Erfolgreich
SQL Server-Replikation	Erfolgreich
SQL Browser	Erfolgreich

Details:

Anzeigen der Produktdokumentation für SQL Server

Installiert nur die zum Anzeigen und Verwalten der SQL Server-Dokumentation verwendeten Komponenten. Die Komponente Hilfe-Viewer verwendet standardmäßig die Onlinebibliothek. Nach der Installation von SQL Server können Sie die Dokumentation mithilfe der Komponente Hilfebibliotheks-Manager auf Ihren lokalen Computer herunterladen. Weitere Informationen finden Sie unter Verwenden der Microsoft-Onlinedokumentation für SQL Server (<http://go.microsoft.com/fwlink/?LinkID=299578>).

Die Zusammenfassungsprotokolldatei wurde an dem folgenden Speicherort gespeichert:

C:\Program Files\Microsoft SQL Server\120\Setup Bootstrap\Log\20140923_14244
\Summary_sql02_20140923_142447.txt

Abbildung 1.8: *Erfolgreicher Abschluss der Installation von SQL Server 2014*

Nach der Installation, sollten Sie den *SQL Server-Konfigurations-Manager starten*. Klicken Sie anschließend auf *SQL Server-Dienste*. Hier sehen Sie alle Dienste, die SQL Server 2014 installiert hat. Einige Dienste sind nicht gestartet, da der Server diese aktuell nicht benötigt. Wichtig ist, dass der Dienst *SQL Server (<Instanzname>)* gestartet ist. In diesem Fall ist die Datenbank aktiv.

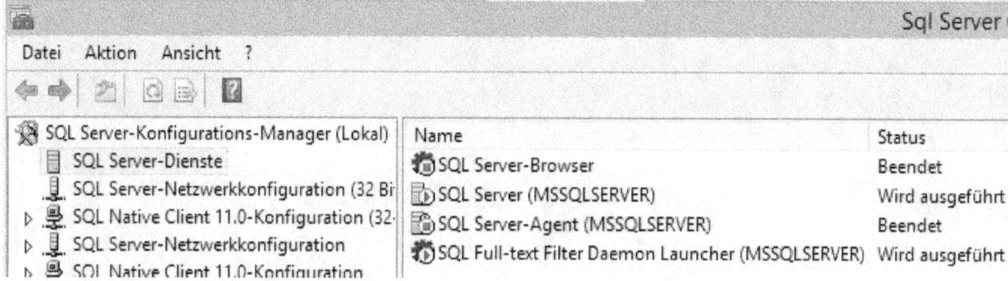

Abbildung 1.9: *Überprüfen der SQL Server-Dienste*

Im nächsten Schritt starten Sie das SQL Server-Management Studio und melden sich an der Instanz an. Auch hier darf kein Fehler erscheinen. Sie sehen den Status des Servers am grünen Symbol oben links.

Instanzen und Funktionen hinzufügen oder entfernen

Sie können zu einem Server weitere Instanzen hinzufügen und auch Instanzen wieder entfernen. Zusätzliche Instanzen verwenden die gleichen Verwaltungswerkzeuge, sind aber ansonsten von den anderen Instanzen logisch und physisch getrennt. Einfach ausgedrückt verhalten sich Instanzen – neben der Standardinstanz – wie eigene virtuelle SQL-Server.

Um eine weitere Instanz zu einem Server hinzuzufügen, starten Sie den Installations-Assistent genauso, wie bei der Installation der ersten Instanz auf dem Server. Bei der Auswahl des Installationstyps fragt der Installations-Assistent nach, ob Sie einer bestehenden Instanz Funktionen hinzufügen, oder ob Sie eine neue Instanz installieren möchten. Die bereits installierten Instanzen auf dem Server sehen Sie im Fenster ebenfalls.

Sie können auf einem Server auch mehrere Editionen von SQL Server 2014 sowie verschiedene Serverversionen installieren, zum Beispiel SQL Server 2012 parallel zu SQL Server 2014. Jede Instanz hat eigene SQL Server-Dienste und Netzwerkkonfigurationen. Im Management Studio verbinden Sie sich mit den Instanzen durch Eingabe von *<Servername>\<Instanz>*. Im Management Studio können Sie auch mehrere Instanzen eines Servers parallel registrieren und gemeinsam verwalten, das gilt auch für Instanzen in Windows Azure. Wir gehen auf diesen Sachverhalt noch ausführlich in diesem Buch ein.

Um eine Instanz von einem Server zu entfernen, rufen Sie auf dem Server *appwiz.cpl* auf. Wählen Sie in der Liste SQL Server 2014 aus, und klicken Sie auf *Deinstallieren/ändern*. Es startet der Installations-Assistent von SQL Server 2014. Bestätigen Sie die verschiedenen Fenster und wählen Sie dann im Fenster *Instanz auswählen* die Instanz aus, die Sie entfernen wollen.

Updates installieren – Service Packs und Kumulative Updates

Neben Service Packs erscheinen für SQL Server 2014 in regelmäßigen Abständen so genannte Kumulative Updates (Cumulative Update, CU). Dabei handelt es sich um verschiedene Fehlerbehebungen. Informationen und Links zum Download dieser Patches erhalten Sie über den Blog der SQL-Entwickler auf der Seite http://blogs.msdn.com/b/sqlreleaseservices.

Nach der Installation von SQL Server 2014 sollten Sie mindestens das CU3 von SQL Server 2014 (http://support.microsoft.com/kb/2984923) installieren oder eine neuere Version, wenn diese zur Verfügung steht.

CUs sind in den meisten Fällen selbständig installierbar und enthalten alle Updates seit dem letzten CU. Um einen Server zu aktualisieren, müssen Sie daher nicht das CU1 und dann das CU2 installieren, sondern die Installation des CU3 reicht aus.

Die Installation eines CU ist recht einfach. Sie erhalten in den meisten Fällen eine .exe-Datei, die Sie einfach ausführen müssen. In vielen Fällen liegen die CUs als Zip-Archiv vor. Das Ausführen der .exe-Datei entpackt daher zunächst das Archiv, installiert aber nicht gleich das Update.

In diesem Fall wechseln Sie in den Ordner, in den Sie die Installationsdateien entpackt haben. Hier liegt die Installationsdatei, und in den meisten Fällen noch eine Datei *hotfix.txt*. Diese enthält Hinweise zur Installation. Starten Sie die Installation des CU, startet ein Installations-Assistent.

Sie können auch auswählen, welche Instanzen aktualisiert werden sollen. Auf diesem Weg können Sie bei Kompatibilitätsproblemen mit verschiedenen Anwendungen einzelne Instanzen von der Aktualisierung ausnehmen.

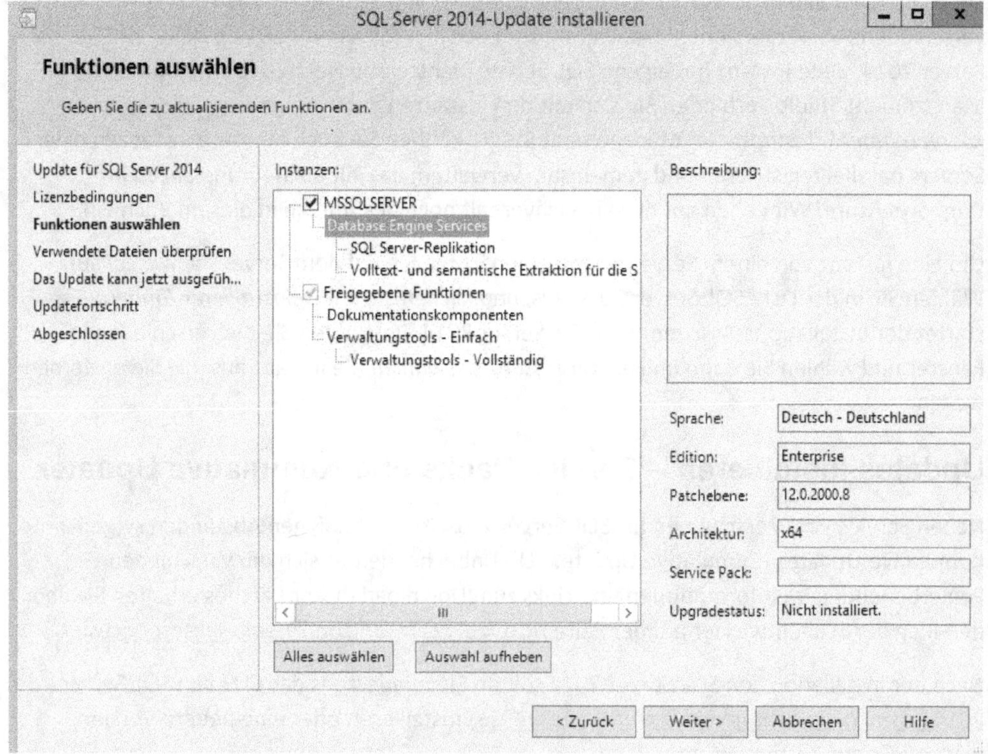

Abbildung 1.10: *Auswählen der zu aktualisierenden Instanzen*

Nach der erfolgreichen Installation wird ein Fenster mit Hinweisen geöffnet. Hier sehen Sie auch die aktualisierten Instanzen aufgeführt. Manche Cumulative Updates enthalten noch weitere Installationsdateien. Nach der Installation des Hauptpatch installieren Sie die anderen Patches. Die meisten Updates kommen aber nur mit einer einzelnen Installationsdatei.

Zu SQL Server 2014 migrieren

Sie haben die Möglichkeit einen Datenbankserver von Vorgängerversionen direkt zu SQL Server 2014 zu aktualisieren (Inplace Upgrade). Dabei unterstützt SQL Server 2014 folgende Vorgängerversionen zur direkten Aktualisierung:

- SQL Server 2005 SP4 oder höher
- SQL Server 2008 SP3 oder höher
- SQL Server 2008 R2 SP2 oder höher
- SQL Server 2012 SP1 oder höher

Ältere Versionen, also SQL Server 2000, SQL Server 7.0 und SQL Server 6.5 können Sie nicht direkt zu SQL Server 2012 aktualisieren. Hier müssen Sie einen neuen Datenbank-Server installieren und die Datenbank manuell übernehmen. Sie können eine SQL Server 2014-Instanz auch parallel zu einer bestehenden Instanz installieren und die Daten übernehmen.

Bestimmte Komponenten von SQL Server 2014 werden von allen Instanzen aller installierten Versionen von SQL Server gemeinsam genutzt. Wenn Sie unterschiedliche SQL Server-Versionen auf einem Server parallel installieren, aktualisiert der Installations-Assistent von SQL Server 2014 diese Komponenten automatisch auf die neueste Version. Beispiel dafür sind Integration Services, Master Data Services, SQL Server Management Studio und SQL Server-Datentools. Einige Komponenten oder Dienste gehören zu einer einzelnen Instanz von SQL Server. Diese werden also instanzabhängig. Beispiele sind das Datenbankmodul, Analysis Services und Reporting Services.

Sie können eine 32-Bit-Instanz einer Vorgängerversion von SQL Server 2014 nicht auf eine 64-Bit-Version aktualisieren. 64-Bit-Versionen können Sie nur auf SQL Server 2014 x64 aktualisieren. Sie können aber Datenbanken von einer 32-Bit-Instanz von Vorgängerversionen sichern oder trennen und sie in einer Instanz von SQL Server 2014 (64-Bit) wiederherstellen oder anfügen. In diesem Fall müssen Sie alle Anmeldenamen und anderen Benutzerobjekte in den Systemdatenbanken *master*, *msdb* und *model* wiederherstellen.

Kleinere Editionen von Vorgängerversionen, können Sie immer zu größeren Editionen aktualisieren, aber größere Editionen nicht zu kleineren Editionen von SQL Server 2014. Enterprise Editionen von Vorgängerversionen, können Sie zu SQL Server 2014 Enterprise Edition oder Business Intelligence aktualisieren. Developer-Editionen aktualisieren Sie zu SQL Server 2014 Developer. Sie können auch kleinere Editionen von SQL Server 2014 auf größere Editionen aktualisieren.

Migration zu SQL Server 2014 vorbereiten – Der Upgrade Advisor

Upgrade Advisor analysiert die installierten Komponenten früherer Versionen und erstellt einen Bericht mit Problemen, die Sie beheben müssen, bevor Sie zu SQL Server 2014 aktualisieren.

Um den Upgrade Advisor zu installieren, legen Sie den SQL Server 2014-Installationsdatenträger ein. Wählen Sie dann im Bereich *Planen* des Installationscenters die Option *Upgrade Advisor installieren* aus. Alternativ laden Sie den Upgrade Advisor aus dem SQL Server 2014 Feature Pack herunter (http://www.microsoft.com/de-de/download/details.aspx?id=42295).

Bevor Sie den Upgrade Advisor auf einem Server installieren, müssen Sie das .NET Framework 4.0 installieren. Dieses finden Sie auf der Seite http://www.microsoft.com/germany/net/net-framework-4.aspx oder im Verzeichnis *\redist\DotNetFrameworks* der SQL Server 2014-Installations-DVD.

Zusätzlich benötigen Sie noch die Erweiterung *Microsoft SQL Server 2014 Transact-SQL ScriptDom* aus dem SQL Server 2014 Feature Pack von der Seite http://www.microsoft.com/de-de/download/details.aspx?id=42295. Achten Sie darauf, die korrekte Version zu installieren, also normalerweise die 64-Bit-Version.

Für den Upgrade Advisor stehen nach dem Start zwei Funktionen zur Verfügung:

- *Analyse-Assistent von Upgrade Advisor starten*
- *Berichts-Viewer von Upgrade Advisor starten*

Bei der ersten Verwendung des Upgrade Advisors führen Sie den Analyse-Assistenten des Upgrade Advisors aus. Dieser startet einen Assistenten der bei der Prüfung der vorhandenen SQL-Server-Version den Quell-Server überprüft. Der Upgrade Advisor kann folgende Komponenten von Vorgängerversionen überprüfen:

- Datenbankmodul
- Analysis Services
- Reporting Services
- Integration Services

Bei der Analyse überprüft das Tool Skripts, gespeicherte Prozeduren, Trigger und Ablaufverfolgungsdateien. Auf der nächsten Seite des Assistenten wählen Sie den Server aus, den Sie scannen wollen sowie die installierten Komponenten, die der Assistent auf Probleme überprüfen soll. Danach wählen Sie die Instanz aus, die der Assistent überprüfen soll. Sie können jetzt auswählen welche Datenbanken Sie scannen wollen und auch Ablaufdateien oder SQL-Skripte testen lassen.

Anschließend bestätigen Sie die Ausführung des Tests, und der Assistent überprüft die konfigurierte Instanz. Der Test kann einige Zeit dauern. Nach dem Test erstellt der Assistent einen Bericht, den Sie über *Bericht starten* anzeigen lassen können.

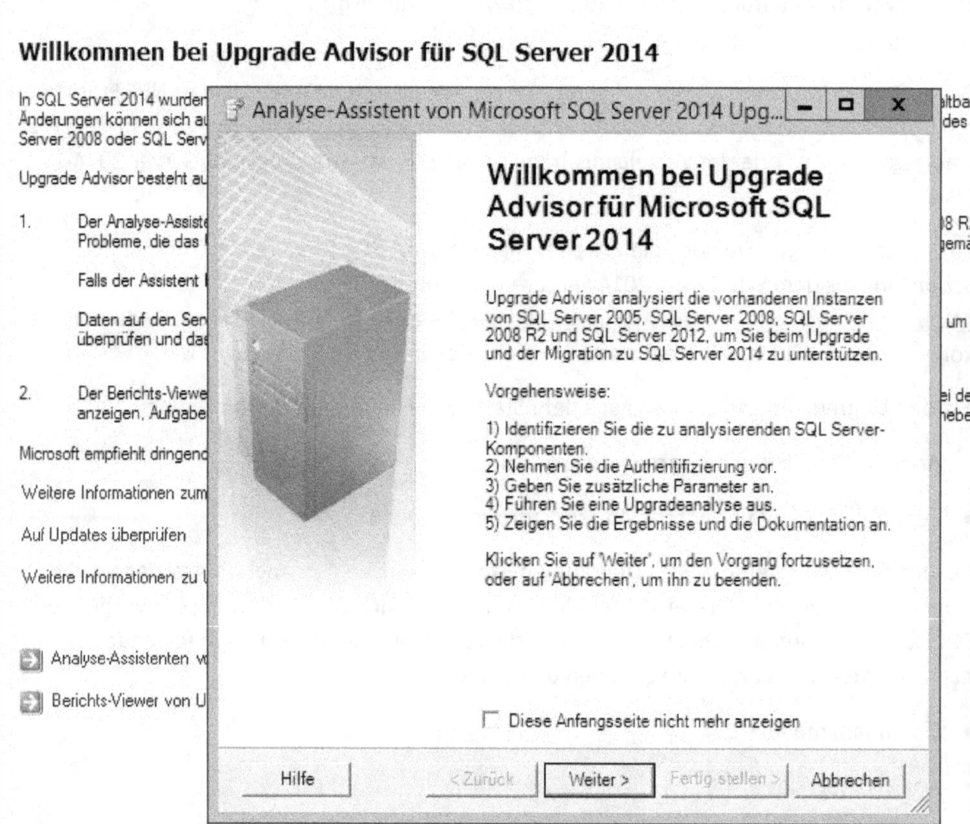

Abbildung 1.11: *Der Microsoft SQL Server 2014 Upgrade Advisor hilft bei der Aktualisierung zu SQL Server 2014*

Im Bericht sehen Sie die vorhandenen Fehler, welche Objekte betroffen sind und erhalten auch Links,wie Sie das Problem beheben können. Erstellte Berichte können Sie jederzeit wieder im Upgrade Advisor öffnen lassen. Sie haben die Möglichkeit den Bericht zu exportieren und sehen im oberen Bereich den Speicherort der originalen XML-Datei des Berichtes.

Bevor Sie einen Server zu SQL Server 2014 aktualisieren, sollten Sie alle gefundenen Fehler des Upgrade Advisors beheben und anschließend noch einmal einen Test starten. Erst wenn der Upgrade Advisor keinen Fehler findet, sollten Sie den Server zu SQL Server 2014 aktualisieren. Vor allem die Tests zur Kompatibilität mit den Datenbanken spielen eine wichtige Rolle. Unter Umständen müssen Sie zuerst Änderungen an den Datenbanken vornehmen, bevor Sie einen Server direkt aktualisieren können. Wenn einzelne Datenbanken nicht kompatibel mit SQL Server 2014 sind, können Sie diese vom ursprünglichen Server trennen, zu SQL Server 2014 migrieren und erst danach wieder anbinden, nachdem Sie die Inkompatibilitäten beseitigt haben.

Betreiben Sie auf einem Server Analysis Services und das Datenbankmodul, müssen Sie vor einer Aktualisierung der Datenbanken und des Datenbankmoduls zuerst die Analysis Services aktualisieren. Zur Aktualisierung von Analysis Services, starten Sie die Installation von SQL Server 2014. Ein direktes Upgrade zu SQL Server 2014 ersetzt die vorhandenen Programmdateien durch SQL Server 2012-Programmdateien. Datenbanken verbleiben am gleichen Speicherort. Die Programmordner werden ebenfalls aktualisiert.

Ein paralleles Upgrade auf eine neue Installation von SQL Server 2014 auf dem gleichen Server, der eine vorhandene Analysis Services-Instanz besitzt ist ebenfalls möglich. Sie können Datenbanken zur neuen Instanz auf dem gleichen Server verschieben und dann die alte Version deinstallieren. Sie können auch Analysis Services auf einen neuen Server installieren und dann vorhandene Datenbanken zu diesem Server migrieren.

Aktualisieren des Datenbankmoduls vorbereiten

Bevor Sie eine Migration durchführen, sollten Sie für jede Datenbank zusätzlich eine vollständige Sicherung anlegen. Neben der Datensicherung, sollten Sie vor der Aktualisierung jede Datenbanken auf Konsistenz überprüfen. Der einfachste Weg dazu ist, wenn Sie im SQL Server Management Studio eine neue Abfrage erstellen und die folgende Syntax verwenden:

Use <Datenbank>

Dbcc checkdb

Während der Migration wachsen auch die Systemdatenbanken an. Achten Sei darauf, dass für die Datenbanken *master, model, msdb* und *tempdb*, automatische Vergrößerung konfiguriert ist, und stellen Sie sicher, dass ausreichend Festplattenspeicherplatz auf dem Server zur Verfügung steht. Beenden Sie die Replikation und Spiegelung von Datenbanken, und stellen Sie sicher, dass das Replikationsprotokoll leer ist. Beenden Sie auch alle Anwendungen sowie alle Dienste mit Abhängigkeiten zu SQL Server.

Der Kompatibilitätsgrad der Datenbanken *tempdb, model, msdb* und *Resource* wird nach dem Upgrade auf jeweils 120 festgelegt. Dies entspricht SQL Server 2014. Die master-Systemdatenbank behält den Kompatibilitätsgrad vor dem Upgrade bei. War der Kompatibilitätsgrad einer Benutzerdatenbank vor dem Upgrade 90 oder 100, wird er nach dem Upgrade beibehalten. War der Kompatibilitätsgrad der aktualisierten Datenbank vor dem Upgrade 80, wird er auf 90 gesetzt, was dem niedrigsten unterstützten Kompatibilitätsgrad in SQL Server 2014 entspricht. Neue Benutzerdatenbanken erben automatisch den Kompatibilitätsgrad der model-Datenbank. Über die Seite *Optionen* in den Eigenschaften von Datenbanken im SQL Server Management Studio legen Sie die Einstellungen für den Kompatibilitätsgrad fest.

Der Kompatibilitätsgrad hängt von der Anwendung ab, welche die Datenbank nutzen soll. Sie haben für Datenbanken die Möglichkeit diesen Grad auf SQL Server 2005 (90), SQL Server 2008/2008 R2 (100), SQL Server 2012 (110) oder SQL Server 2014 (120) zu setzen. Den Kompatibilitätsgrad können Sie für eine Datenbank auch als T-SQL-Abfrage anzeigen lassen:

USE AdventureWorks2012;

GO

SELECT compatibility_level

FROM sys.databases WHERE name = 'AdventureWorks2012';

GO

Wollen Sie sich den Kompatibilitätsgrad aller Datenbanken in der Instanz anzeigen lassen, verwenden Sie die Abfrage:

USE master;

GO

SELECT name, compatibility_level, database_id, create_date

FROM sys.databases;

GO

Aktualisieren Sie den Server von einer Vorgängerversion auf SQL Server 2014, übernimmt der Assistent dabei auch die Datenbanken, ohne dass Sie weitere Einstellungen durchführen müssen.

Migration zu SQL Server 2014 durchführen

Haben Sie alle Vorbereitungen durchgeführt, können Sie den Server mit einer Vorgängerversion zu SQL Server 2014 aktualisieren. Sie können SQL Server 2014 auch parallel zu einer früheren Version installieren oder vorhandene Datenbanken und Konfigurationseinstellungen aus einer früheren SQL Server-Version migrieren und auf eine Instanz von SQL Server 2014 anwenden. Gehen Sie zur Aktualisierung einer vorhandenen Version von SQL Server auf SQL Server 2014 folgendermaßen vor:

Starten Sie die Installation von SQL Server 2014 über das Installationsmedium. Um eine vorhandene Instanz zu aktualisieren, klicken Sie im linken Navigationsbereich auf *Installation* und dann auf *Upgrade von SQL Server 2005, SQL Server 2008, SQL Server 2008 R2 oder SQL Server 2012*.

Anschließend integriert der Assistent die Setupunterstützungsregeln und führt einen ersten Test durch, ob sich auf dem Server SQL Server 2014 installieren lässt. Im nächsten Schritt startet der Assistent die eigentliche Installation von SQL Server 2014 und überprüft, ob aktualisierte Installationsdateien von SQL Server 2014 im Internet zur Verfügung stehen. Ist das der Fall, sollten Sie diese herunterladen lassen, da so die Migration zuverlässiger durchgeführt werden kann. Für diesen Vorgang muss der Datenbankserver aber über eine funktionierende Internetverbindung verfügen. Über diesen Weg werden zum Beispiel Servicepacks gleich integriert, allerdings keine CUs.

Nach der Aktualisierung der Installationsdateien, überprüft der Installationsassistent weitere Bedingungen für die Installation zu SQL Server 2014. Auch hier sollten alle Tests erfolgreich abgeschlossen werden. Haben Sie den Produktschlüssel eingegeben und die Lizenzbedingungen akzeptiert, liest der Assistent die installierten Instanzen der Vorgängerversion ein und zeigt diese an. Wählen Sie die Instanz aus, die Sie zu SQL Server

2014 aktualisieren wollen. Sie sehen im Fenster auch die Edition der Vorgängerversion mit der die Instanz installiert ist.

Aufgaben nach der Aktualisierung zu SQL Server 2014

Zum Optimieren der Leistung des Servers, sollten Sie nach der Aktualisierung die Statistiken für alle Datenbanken mit der gespeicherten Prozedur *sp_updatestats* aktualisieren.

Führen Sie nach der Aktualisierung *DBCC UPDATEUSAGE* für alle Datenbanken aus, um falsche Werte für die Zeilen- oder Seitenanzahl zu korrigieren:

Use <Datenbank>

Dbcc UPDATEUSAGE

SQL Server 2014 unterstützt das Aktualisieren replizierter Datenbanken von früheren Versionen. Während der Aktualisierung eines Knotens, müssen die auf anderen Knoten ausgeführten Aktivitäten nicht beendet werden.

Aktualisieren auf eine andere Edition von SQL Server 2014

SQL Server 2014 unterstützt das Editionsupgrade unter den verschiedenen Editionen von SQL Server 2014. Sie haben über diesen Weg auch die Möglichkeit von einer kostenlosen Express-Edition auf eine vollwertige SQL Server 2014-Installation zu wechseln und dabei die Datenbanken und Einstellungen zu übernehmen Das funktioniert auch von der kostenlosen Evaluierungs-Version zu einer vollständigen Version.

Legen Sie zur Aktualisierung das SQL Server-Installationsmedium ein, und starten Sie die Installation. Um eine vorhandene Instanz von SQL Server 2014 auf eine andere Edition zu aktualisieren, klicken Sie im SQL Server-Installationscenter auf *Wartung*, und wählen Sie anschließend *Editionsupgrade* aus. Führen Sie den Assistenten so fort, wie bei einer herkömmlichen Installation.

Auf der Seite *Die Edition kann jetzt aktualisiert werden,* sehen Sie eine Strukturansicht der Installationsoptionen. Klicken Sie zum Fortsetzen des Vorgangs auf *Aktualisieren* um die neue Edition zu aktivieren. Während des Upgrades müssen die Dienste neu gestartet werden, damit die neuen Einstellungen aktiv werden. Auf der Seite *Abgeschlossen* finden Sie einen Link zur Protokolldatei für die Installation. Haben Sie das Upgrade durchgeführt, können Sie im Management Studio über eine neue Abfrage die neue Edition überprüfen.

Dazu verbinden Sie sich mit der aktualisierten Instanz und erstellen eine neue Abfrage. Geben Sie in einer Abfrage zum Beispiel den Befehl *select serverproperty('Edition')* ein, zeigt das Fenster die installierte Edition von SQL Server 2014 an, wenn Sie auf *Ausführen* klicken. Neben der Option *Edition*, ist auch noch die Option *EngineEdition* interessant. Das ist die Datenbankmodul-Edition der Instanz von SQL Server 2014, die auf dem Server installiert ist.

2 = Standard (Rückgabewert für Standard, Web und Business Intelligence)

3 = Enterprise (Rückgabewert für Evaluation, Developer und beide Enterprise Editionen)

4 = Express (Rückgabewert für Express, Express with Tools und Express with Advanced Services)

5 = SQL Azure

Wenn Sie ein Upgrade von SQL Server Express durchgeführt haben, müssen Sie weitere Schritte ausführen, bevor Sie die aktualisierte Instanz von SQL Server 2014 verwenden können:

- Aktivieren Sie den SQL Server-Agent-Dienst.
- Stellen Sie das SQL Server-Agent-Dienstkonto mit dem SQL Server-Konfigurations-Manager bereit.

- Die Größe und der Wiederherstellungsmodus für die Systemdatenbanken *tempdb* und *model* bleiben nach dem Upgrade unverändert. Konfigurieren Sie diese Einstellungen bei Bedarf neu.
- Vorlagendatenbanken verbleiben nach dem Upgrade auf dem Computer.

SQL Server 2014 und Microsoft Azure in der Praxis

Wollen Sie eine Datenbank in Azure auslagern, oder die Datenbank auf einen virtuellen Server in Windows Azure verschieben, finden Sie dazu im Kontextmenü der Datenbanken über *Tasks* die Bereiche *Datenbank auf Windows Azure SQL-Datenbank bereitstellen* und *Datenbank auf Windows Azure-VM bereitstellen*. Diese beiden Befehle starten Assistenten, die bei der Anbindung von SQL Server 2014 an Windows Azure helfen. Im nächsten Abschnitt zeigen wir Ihnen einen kleinen Überblick zu den Möglichkeiten und gehen dann genauer auf die einzelnen Möglichkeiten ein.

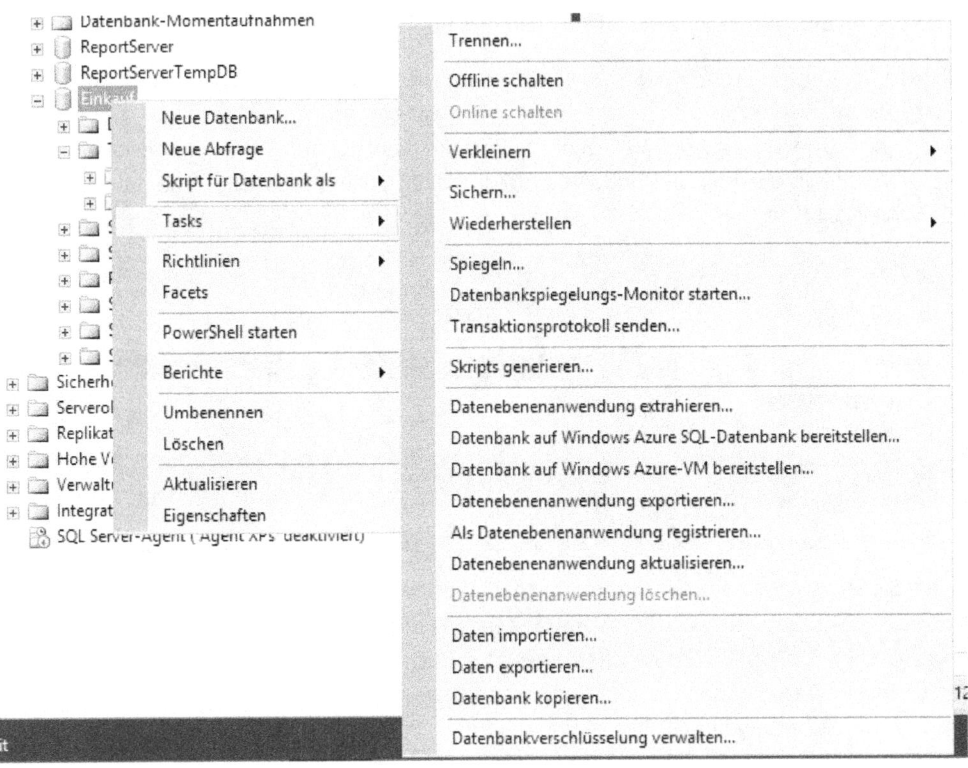

Abbildung 1.12: *Über das Kontextmenü von Datenbanken erreichen Sie auch die neuen Aufgaben für die Anbindung an Windows Azure*

Datenbanksicherung in Windows Azure

Sichern Sie eine Datenbank über das SQL Server Management Studio, können Sie neben der Auswahl einer Datei auch eine URL angeben. Auf diesem Weg können Sie direkt in den Verwaltungstools von SQL Server 2014 eine Datensicherung Ihrer Datenbanken in einen Windows Azure-Container durchführen. Wir zeigen die Vorgehensweise noch ausführlich in der Praxis.

Auch bei dem Assistenten zur Wiederherstellung, hat Microsoft die Möglichkeit integriert eine Sicherung in Windows Azure auszulesen und auf dem Server wiederherzustellen. Die Verbindung erfolgt dazu nicht mit Windows Azure Backup, sondern in Ihren Container bei Windows Azure, indem Sie auch andere Daten speichern können. Wie Sie dabei vorgehen zeigen wir in den nächsten Abschnitten ausführlicher.

Microsoft bietet für ältere SQL-Server-Versionen übrigens das *Microsoft SQL Server Backup to Microsoft Windows Azure Tool* (http://www.microsoft.com/de-DE/download/details.aspx?id=40740) an. Mit diesem Tool können Sie die Datensicherung älterer Versionen ebenfalls in Windows Azure auslagern, allerdings nicht so bequem wie mit SQL Server 2014.

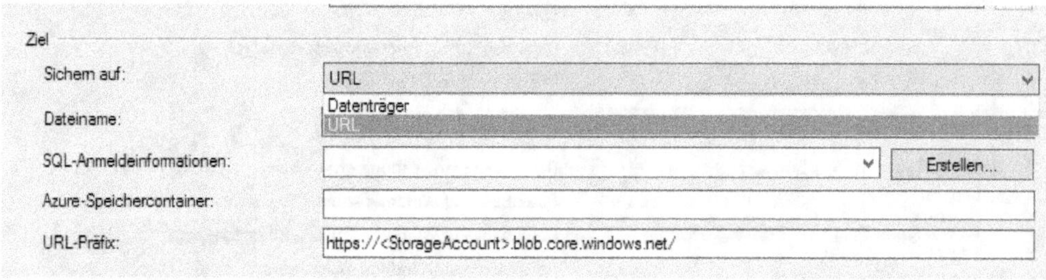

Ziel
Sichern auf: URL
Datenträger
URL
Dateiname:
SQL-Anmeldeinformationen:
Erstellen...
Azure-Speichercontainer:
URL-Präfix: https://<StorageAccount>.blob.core.windows.net/

Abbildung 1.13: *Datenbanken können Sie im Management Studio auch direkt in Windows Azure sichern*

In den Sicherungsoptionen für Datenbanken können Sie jetzt auch die Verschlüsselung aktivieren. Dazu kann der SQL-Server die Datenbank dann auf Basis von AES128 verschlüsseln. Sie können Datensicherungen aber auch ohne die Sicherung in die Cloud verschlüsseln. Dazu können Sie auch Zertifikate verwenden. Sie können die Verschlüsselung auch bei der Sicherung über T-SQL verwenden:

```
BACKUP DATABASE [DB]

TO DISK = N'C:\Program Files\Microsoft SQL Server\MSSQL12.MSSQLSERVER\MSSQL\Backup\DB.bak'

WITH

 COMPRESSION,
```

```
ENCRYPTION
(
ALGORITHM = AES_256,
SERVER CERTIFICATE = BackupEncryptCert
),
STATS = 10
GO
```

Sie können aber auch die PowerShell zur Sicherung von SQL Server 2014 verwenden, inklusive der Möglichkeiten die Datenbanken verschlüsseln zu können.

```
$encryptionOption = New-SqlBackupEncryptionOption -Algorithm Aes256 -EncryptorType ServerCertificate -EncryptorName "BackupCert"

Backup-SqlDatabase -ServerInstance . -Database "MyTestDB" -BackupFile "MyTestDB.bak" -CompressionOption On -EncryptionOption $encryptionOption
```

Wie Sie die Einrichtung vornehmen, lesen Sie auf den nächsten Seiten.

Step-by-Step: Verschlüsselte Sicherung in Windows Azure

Im folgenden Abschnitt zeigen wir Ihnen, wie Sie eine Datensicherung von SQL Server 2014 in einen Speicher mit Windows Azure durchführen. Sie können die Vorgehensweise problemlos in einer 30-Tage-Testversion von Windows Azure durchführen.

Speicherkonto und Container in Windows Azure erstellen

Sie benötigen für die Sicherung von Datenbanken in Windows Azure zunächst ein Speicherkonto:

1. Klicken Sie auf *Speicher* im Azure-Verwaltungs-Portal und dann auf *Neu.*
2. Wählen Sie *Datendienste\Speicher\Schnellerfassung* aus.
3. Geben Sie dem Speicher einen Namen, zum Beispiel „dbbackupcontoso".
4. Wählen Sie bei Standort Ihren Standort aus.
5. Die Option *Replikation* können Sie auf *Georedundant* belassen.
6. Lassen Sie das Konto mit *Speicherkonto erstellen* anlegen.

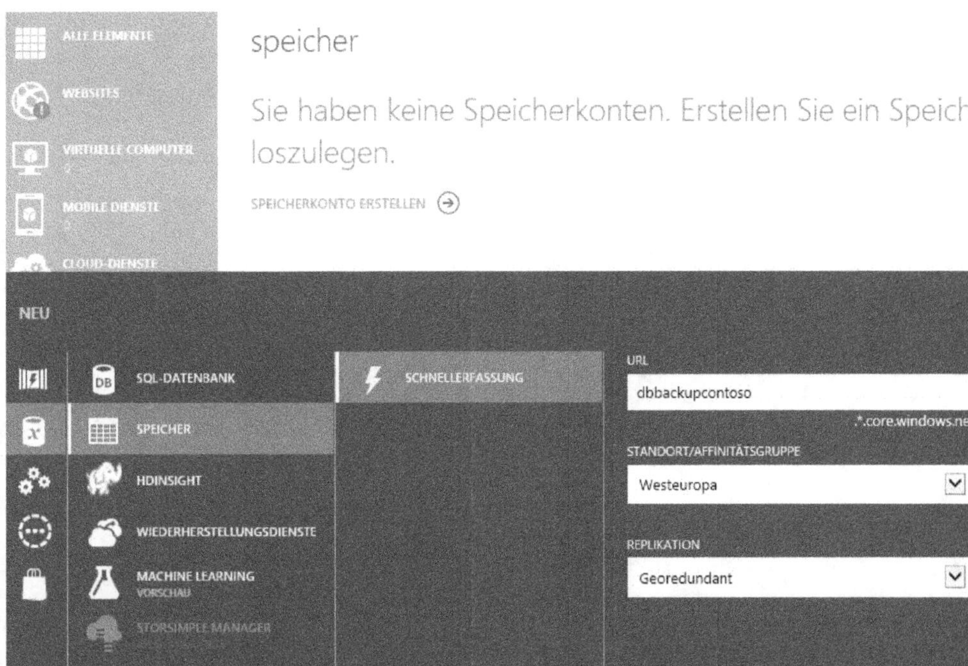

Abbildung 1.14: *Für eine Datensicherung von SQL Server 2014 in der Cloud, müssen Sie zuerst ein Speicherkonto erstellen*

Nachdem das Konto erstellt wurde, markieren Sie es und klicken unten auf der Seite auf *Zugriffsschlüssel verwalten*. Sie benötigen den Name des Speicherkontos und den primären Zugriffsschlüssel in SQL Server 2014 als Anmeldeinformationen für das Azure-Konto.

Kopieren Sie diese Daten am besten in eine Textdatei. Sie benötigen die Daten in SQL Server 2014 für die Einrichtung der Sicherung in der Cloud.

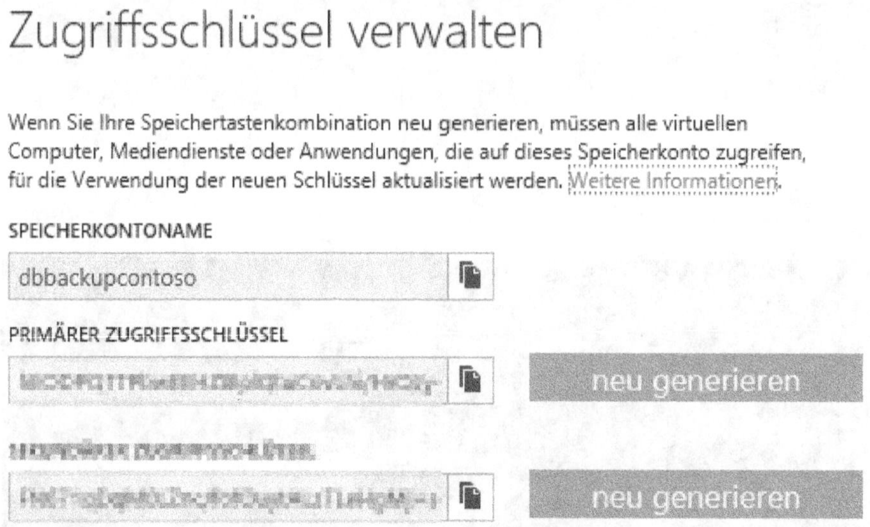

Zugriffsschlüssel verwalten

Wenn Sie Ihre Speichertastenkombination neu generieren, müssen alle virtuellen Computer, Mediendienste oder Anwendungen, die auf dieses Speicherkonto zugreifen, für die Verwendung der neuen Schlüssel aktualisiert werden. Weitere Informationen.

SPEICHERKONTONAME

dbbackupcontoso

PRIMÄRER ZUGRIFFSSCHLÜSSEL

neu generieren

neu generieren

__Abbildung 1.15:__ Aufrufen des Zugriffsschlüssels für die Sicherung in die Cloud

Klicken Sie danach auf Ihren Speicher und wählen danach auf der neuen Seite die Option *Container* im oberen Bereich aus. Erstellen Sie über den Assistenten einen neuen Container. Diesem können Sie einen beliebigen Namen geben. In diesem Container speichert SQL Server 2014 seine Datensicherung in Windows Azure. Den Namen des Containers geben Sie im Sicherungsassistent von SQL Server 2014 ein.

Abbildung 1.16: *Wenn das Speicherkonto eingerichtet ist, können Sie neue Container anlegen*

SQL Server 2014 für die Cloud-Sicherung vorbereiten

Damit Sie eine Datenbank von SQL Server 2014 in der Cloud sichern können, müssen Sie einige Vorbereitungen auf dem lokalen Server vornehmen.

Im ersten Schritt müssen Sie im SQL Server Management Studio über *Sicherheit\Anmeldeinformationen* eine neue SQL-Anmeldeinformation anlegen. Dazu verwenden Sie als Anmeldeinformationsname eine beliebige Bezeichnung und als Identität den Namen des Speicherkontos, den Sie zuvor kopiert haben. Als Kennwort verwenden Sie den Zugriffsschlüssel, den Sie ebenfalls vorher in Azure kopiert haben. Diese Anmeldeinformation benötigen Sie später zur Verbindung mit Azure, wenn Sie die Datensicherung über den Assistenten einrichten. Wir zeigen im nächsten Abschnitt die Einrichtung noch einmal ausführlicher.

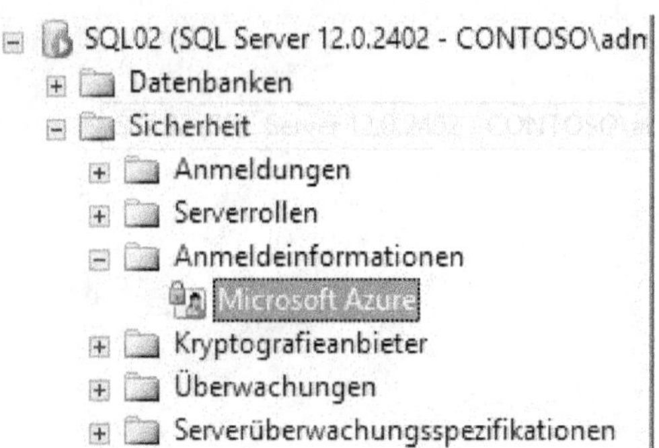

Abbildung 1.17: *Die Anmeldedaten des Speicherkontos verwenden Sie als Anmeldeinformation für den SQL-Server*

Stellen Sie vor der Einrichtung der Datensicherung zu Windows Azure sicher, dass der SQL Server-Agent der Instanz gestartet ist. Am schnellsten geht das über das Verwaltungsprogramm *SQL Server Configuration Manager*, in dem Sie auf *SQL Server-Dienste* klicken. Über das Kontextmenü starten Sie den Dienst. Diesen sollten Sie im Fenster auch gleich auf den Startmodus *Automatisch* setzen.

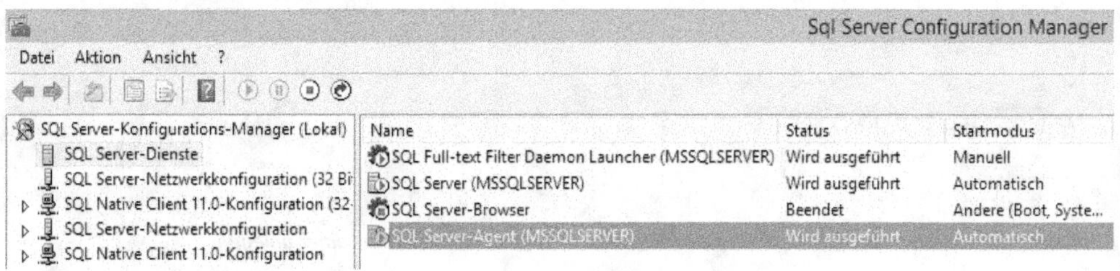

Abbildung 1.18: *Für die Sicherung in die Cloud, muss der SQL Server-Agent gestartet sein*

Datensicherung in Windows Azure durchführen

Nachdem Sie Windows Azure und den SQL-Server für die Sicherung vorbereitet haben, können Sie eine Datenbank in Windows Azure sichern:

1. Im nächsten Schritt starten Sie das SQL Server Management Studio und klicken die Datenbank mit der rechten Maustaste an, die Sie in Windows Azure sichern wollen.

2. Wählen Sie *Tasks\Sichern*.

3. Aktivieren Sie bei *Ziel* im Feld *Sichern auf* die Option *URL*.

4. Wählen Sie bei *SQL-Anmeldeinformationen* die Anmeldeinformationen aus, die Sie zuvor angelegt haben und welche die Anbindung an den Speicher in Windows Azure herstellen.

5. Tragen Sie bei Azure-Speichercontainer den Container, ein, den Sie für die Sicherung erstellt haben.
6. Lassen Sie die Sicherung erstellen.

Ziel

Sichern auf: URL

Dateiname: EinkaufDB_backup_2014_09_24_132209.bak

SQL-Anmeldeinformationen: Microsoft Azure — Erstellen...

Azure-Speichercontainer: dbbackup

URL-Präfix: https://dbbackupcontoso.blob.core.windows.net/dbbackup

Abbildung 1.19: *Im SQL Server 2014 Management Studio erstellen Sie eine Sicherung in Microsoft-Azure*

Öffnen Sie nach der erfolgreichen Sicherung im Azure-Web-Portal den Speicher, wird die Datei der Sicherung angezeigt.

Abbildung 1.20: *In Azure ist die Datensicherung im Container zu sehen*

Im Abschnitt *Datensicherung verschlüsseln* in diesem Buch lesen Sie, wie Sie eine Datenbank mit SQL Server 2014 verschlüsselt sichern. Die verschlüsselte Sicherung in Windows Azure erfordert die gleichen Voraussetzungen, wie in diesem Abschnitt behandelt. Sie geben aber als Sicherungsziel keine lokale Datei an, sondern eine URL, wie auf den vorhergehenden Seiten zu lesen. Aktivieren Sie zusätzlich die Verschlüsselung, werden die Daten auch verschlüsselt in Windows Azure abgelegt.

SQL-Datenbanken in Windows Azure speichern

Im folgenden Abschnitt gehen wir in der Praxis etwas darauf ein, wie Sie Datenbanken in Windows Azure speichern, oder die Daten in Windows Azure übertragen können. Beides ist einfach konfigurierbar, Sie benötigen dazu nur ein Windows Azure-Abonnement. Für Testzwecke reicht dazu natürlich auch der Testzeitraum von Windows Azure aus. Dieser beträgt 30-Tage.

Damit Sie Datenbanken in Windows Azure speichern können, müssen Sie zunächst einen Container in Windows Azure anlegen. Sie können in SQL Server 2014, wie bereits in SQL Server 2012, im SQL Server Management-Studio eine Verbindung zum Azure-Speicher herstellen. Dazu klicken Sie links im Objekt-Explorer auf *Verbinden\Azure-Speicher*. Hier erhalten Sie dann Zugriff auf Sicherungen und Datenbankdateien, die in Windows Azure ausgelagert sind. Bevor das funktioniert, müssen Sie aber in der Webverwaltung von Windows Azure zuerst einen Speicher-Container anlegen und diesen an Ihre SQL Server 2014-Infastruktur anbinden. Dazu klicken Sie in der Webverwaltung von Windows Azure auf *Speicher* und legen zunächst ein Speicherkonto an.

Danach öffnen Sie das Konto und klicken auf *Container*. Hier erstellen Sie jetzt einen neuen Container für die Speicherung von SQL-Datenbanken oder der Sicherungsdateien. Lassen Sie die Einstellung Zugang auf *Privat*. Damit Sie eine Verbindung zwischen den SQL-Servern und Windows Azure herstellen können, benötigen Sie einen Zugriffschlüssel. Dazu klicken Sie in der Verwaltung Ihres neu erstellten Speicherkontos auf *Zugriffschlüssel verwalten* unten im Fenster. Es öffnet sich ein neues Fenster. In diesem sehen Sie den Namen des Speicherkontos, sowie den sekundären und primären Zugriffsschlüssel. Merken Sie sich den Namen und den primären Schlüssel, oder kopieren Sie diesen in eine Textdatei. Sie benötigen Namen und Schlüssel für die Verbindung.

Damit sich SQL Server 2014 mit Windows Azure verbinden kann, muss der Speicher-Container in Windows Azure funktionieren. Für eine externe Verwaltung des Azure-Speichers, können Sie auch Tools verwenden. Hier lassen sich bestimmte Einstellungen in Windows Azure auch lokal vornehmen:

Dazu verwenden Sie am besten das kostenlose Tool Azure Storage Explorer (http://azurestorageexplorer.codeplex.com).

Installieren Sie das Tool, starten Sie es, erstellen Sie ein neues Konto, und geben Sie dann den Namen und den kopierten Schlüssel ein. Nach der Einrichtung sehen Sie hier auch die abgelegten Datenbankdateien, sowie die Sicherungsdateien.

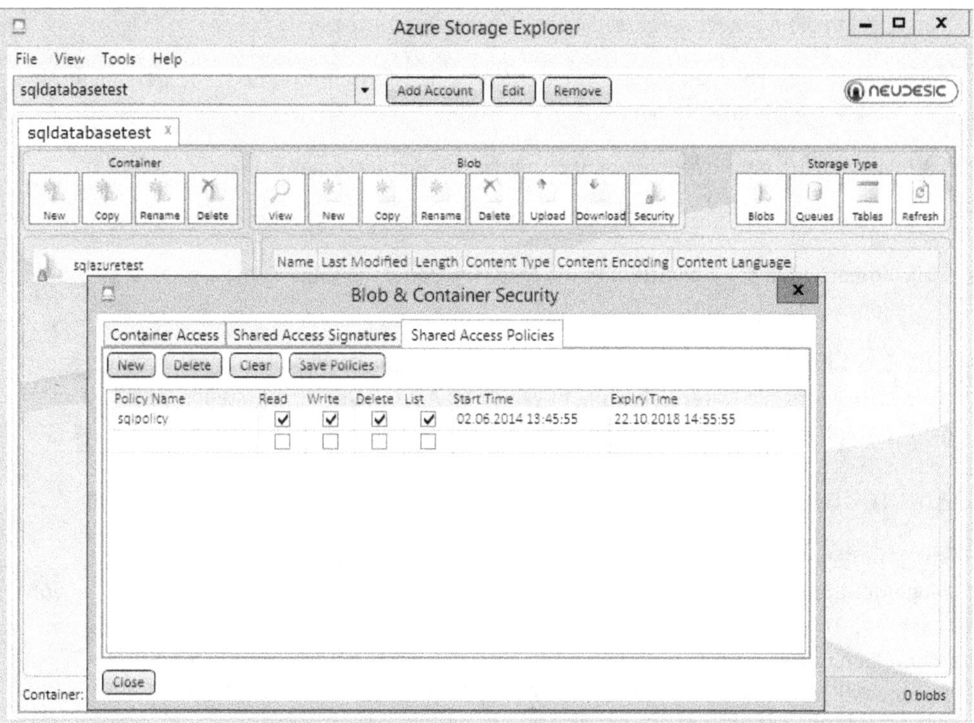

Abbildung 1.21: *Mit Azure Storage Explorer verbinden Sie sich mit Ihrem Speicher in Windows Azure. Das Tool kann auch Richtlinien erstellen, die Sie wiederum mit SQL Server 2014 benötigen*

Markieren Sie auf der linken Seite Ihren erstellen SQL-Container und klicken Sie dann auf *Security*. Die folgenden Schritte sind nur bei der Anbindung von Datenbanken in Azure notwendig. Für die Sicherung von Datenbanken, reichen der Name des Speicherkontos und der primäre Zugriffschlüssel aus:

1. Öffnen Sie die Registerkarte *Shared Access Policies* und erstellen Sie mit *New* eine neue Richtlinie.

2. Geben Sie der Richtlinie einen beliebigen Namen und aktivieren Sie die Kontrollkästchen *Read, Write, Delete* und *List*.

3. Geben Sie eine Startzeit und eine Ablaufzeit in der Form *2014-06-02 13:45:55* ein.

4. Klicken Sie danach auf *Save Policies*. Die Richtlinie muss erfolgreich gespeichert werden.

5. Schließen Sie die Dialogbox und öffnen Sie diese erneut. Die Richtlinie muss mit allen Werten angezeigt werden.

6. Öffnen Sie die Registerkarte *Shared Access Signatures*.
7. Stellen Sie sicher, dass bei *Container Name* der Containername steht, den Sie Ihrem Container gegeben haben.
8. Wählen Sie bei *Policy* die von Ihnen erstellte Richtlinie aus.
9. Klicken Sie auf *Generate Signature*. Die erstellte Signatur muss im Fenster erscheinen.
10. Kopieren Sie die Signatur in eine Textdatei, damit Sie diese später weiterverwenden können.
11. Die Adresse vor dem Fragezeichen entspricht dem Datenspeicher in Windows Azure, den Sie für die Datensicherung in Windows Azure oder dem Erstellen von Datenbanken verwenden können.

Datensicherung in Windows Azure produktiv durchführen

Wichtig für die Anmeldung an Windows Azure ist zunächst, dass Sie im SQL Server Management Studio Anmeldedaten hinterlegen, mit denen die verschiedenen Bereiche von SQL Server 2014 mit Windows Azure kommunizieren können. Das ist für die Erstellung von Datenbanken notwendig, der Migration von Datenbanken in Windows Azure und zur Sicherung der Datenbanken in den Windows Azure-Speicher.

Dazu klicken Sie mit der rechten Maustaste auf *Sicherheit\Anmeldeinformationen* und erstellen *mit Neue Anmeldeinformation* eine Anmeldung für Ihr Windows Azure-Konto. Im Fenster müssen Sie folgende Namen eingeben:

- *Anmeldeinformationsname*: URL Ihres Speichercontainers in Windows Azure. Diesen sehen Sie im Dashboard des erstellten Containers, innerhalb des Speicherkontos.
- *Identität*: Hier geben Sie den Daten des Speicherkontos ein, keine URL, sondern den von Ihnen festgelegten Namen.
- *Kennwort*: Hier geben Sie den primären Zugriffschlüssel ein, wie zuvor beschrieben. Wollen Sie mit dem Konto auch Datenbankdateien in Windows Azure speichern, benötigen Sie hier die Signatur, die Sie im Azure Explorer erstellt haben. Das Kennwort ist der Text direkt hinter dem Fragezeichen.

Speichern Sie die Anmeldeinformationen anschließend ab. Wollen Sie eine Datenbank in Windows Azure sichern, klicken Sie diese mit der rechten Maustaste an und wählen Sie *Tasks\Sichern*:

1. Wählen Sie bei *Sichern* auf die Option *URL*.

2. Wählen Sie bei *SQL-Anmeldeinformationen* die Informationen aus, die Sie erstellt haben.

3. Achten Sie darauf, dass die URL bei *URL-Präfix* Ihrem Container entspricht.

4. Klicken Sie auf *OK*. Die Sicherung muss jetzt durchgeführt werden.

5. Im Azure Storage Controller sehen Sie die Daten dieser Sicherung genauso, wie in der Weboberfläche von Windows Azure.

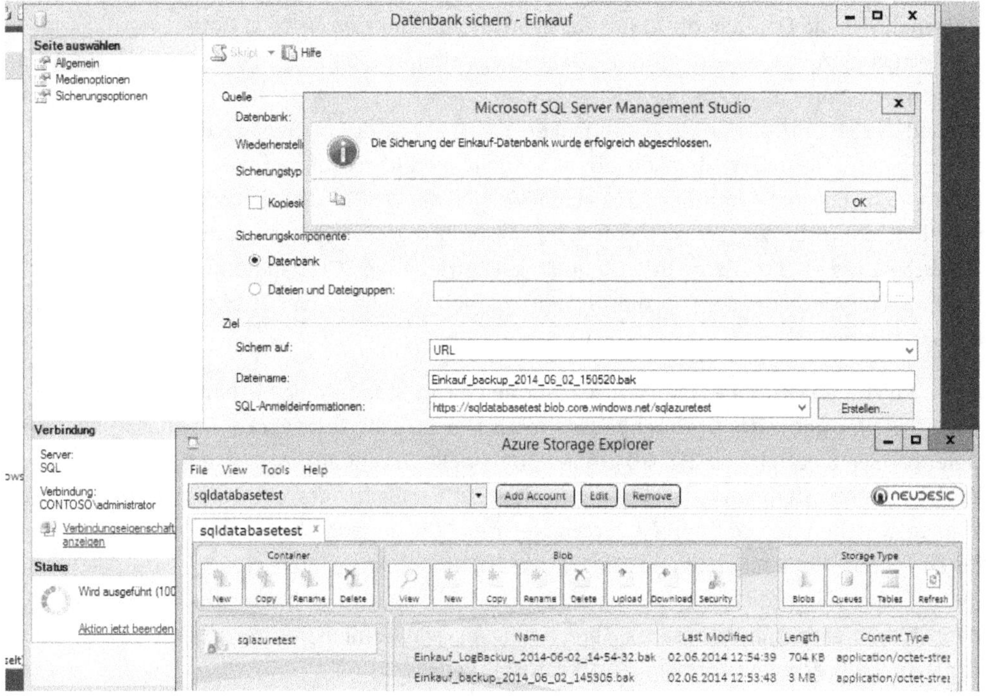

***Abbildung 1.22:** Mit etwas Konfigurationsarbeit sichern Sie SQL 2014-Datenbanken in Windows Azure*

Auf dem gleichen Weg stellen Sie Datenbanken auch wieder her. Sie können auch Datenbanken in SQL Server 2014 erstellen, die nicht auf der lokalen Festplatte des Servers gespeichert ist, sondern ebenfalls im Windows Azure-Speicher. Dazu müssen Sie aber eine SAS-Richtlinie mit Azure Storage Explorer erstellen, wie zuvor beschrieben. Danach können Sie die Datenbankdateien direkt in Windows Azure speichern. Wie Sie genau vorgehen, lesen Sie in der MSDN auf der Seite http://msdn.microsoft.com/de-de/library/dn466436.aspx.

Azure SQL DB – SQL Server 2014-Datenbanken in Windows Azure

Microsoft bietet über seinen Clouddienst Azure auch eine cloudbasierte, relationale Datenbank an. Azure SQL DB ist skalierbar und arbeitet auch mit Offline-Datenbank-Servern wie SQL Server 2014 zusammen. Wir zeigen nachfolgend die Möglichkeiten. Sie können zum Beispiel lokale Datenbanken von SQL Server 2014 über das Internet in Azure SQL bereitstellen.

Unternehmen die Daten in die Cloud auslagern wollen um zum Beispiel Daten international zur Verfügung zu stellen, oder mit Big Data zu verarbeiten, sollten sich die SQL-Datenbanken in Microsoft Azure (http://azure.microsoft.com/de-de/services/sql-database) ansehen. Dabei handelt es sich um vollwertige Datenbanken, die unabhängig von Servern und Netzwerken funktionieren. Diese Datenbanken gibt es schon länger, Microsoft hat die Editionen und Funktionen aber im September 2014 aktualisiert. In der MSDN hat Microsoft einen Artikel veröffentlicht (http://msdn.microsoft.com/de-de/library/jj879332.aspx), der auf die Unterschiede zwischen Azure SQL DB und lokal betriebenen SQL-Datenbanken eingeht. Diese Datenbanken sind vor allem für die Zusammenarbeit mit SQL Server 2014 interessant, doch dazu später mehr.

Azure SQL Database gibt es in den drei Editionen Basic, Standard und Premium. Die kleinste Basis-Edition eignet sich für Datenbanken mit bis zu 2 GB als Testzwecke. Standard-Datenbanken bieten bis zu 250 GB große und schnelle Datenbanken. Wer auf Premium setzt kann bis zu 500 GB nutzen, die sehr performant zur Verfügung gestellt werden. Unternehmen können zwischen den Editionen jederzeit wechseln. Die genauen Preise der Datenbanken und deren weitere Unterscheidungen zeigt Microsoft auf der Azure-Webseite (http://azure.microsoft.com/de-de/pricing/details/sql-database). Microsoft bietet in diesem Bereich auch eine stundenbasierte Abrechnung an. Wie Administratoren oder Entwickler mit der Datenbank arbeiten können, zeigt Microsoft in der MSDN (http://msdn.microsoft.com/en-us/library/azure/ee336279.aspx).

Die Cloud-Datenbanken können Entwickler auch mit lokalen Datenbanken auf Basis von SQL Server 2014 synchronisieren. Außerdem ist es möglich Datenbanken aus SQL Server 2014 direkt in die Cloud zu migrieren. Wir zeigen diese Vorgehensweise noch ausführlich.

Azure SQL DB ist also eine vollwertige relationale Datenbank, die als Clouddienst bereitgestellt wird. Sie bietet Schnittstellen zu Microsofts SQL-Server, lässt sich aber auch ohne SQL Server 2014 verwenden. Auf die Datenbank lässt sich mit Entity Framework, ADO.NET, JDBC und mehr zugreifen, aber auch eine Anbindung an das SQL Server Management Studio ist möglich.

Im Azure-Verwaltungsportal stehen Datenbanken über den Bereich *Datendienste\SQL-Datenbank* zur Verfügung. Mit dem Bereich *Schnellerfassung* lassen sich Datenbanken mit wenigen Klicks anlegen. Im ersten Schritt wird ein Datenbankserver für die neuen Datenbanken erstellt.

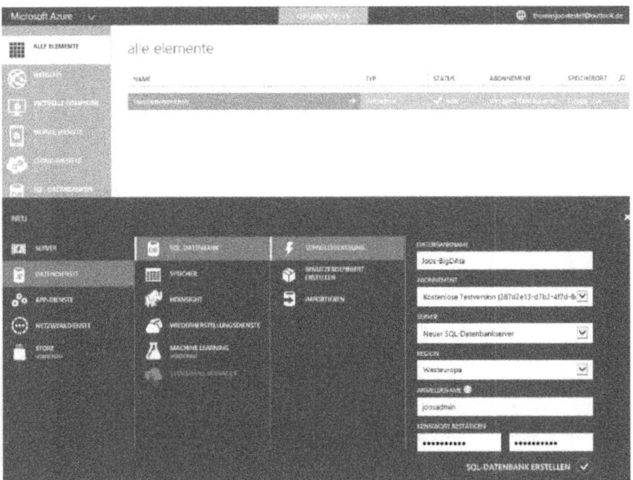

Abbildung 1.23: *Im Verwaltungsportal von Azure lassen sich Datenbanken schnell und einfach anlegen*

Sobald der Datenbankserver für die Azure DB zur Verfügung steht, können Sie in der Webverwaltung neue Datenbanken erstellen. Bereits beim Erstellen lassen sich die verschiedenen Editionen auswählen, sowie die Größe der Datenbank. Wenn mehrere SQL-Server im Einsatz sind, können Sie auswählen auf welchem Server die Datenbank bereitgestellt werden soll. Beim Anlegen neuer Azure-DBs lassen sich aber auch neue Datenbankserver anlegen.

Abbildung 1.24: *Wenn der Datenbankserver bereitsteht können Sie neue Datenbanken erstellen*

Im Verwaltungsportal von Azure sind Datenbankserver und Datenbanken im Bereich *SQL-Datenbanken* zu sehen. Hierüber lassen sich auch Einstellungen ändern. Durch einen Klick auf eine Datenbank startet der Schnellstart-Assistent, der bei der Verwaltung der Datenbank hilft.

Abbildung 1.25: *Nach dem Erstellen einer Datenbank können Administratoren über Schnellstart die Einrichtung vornehmen*

Im Dashboard sind die aktuellen Leistungsdaten der DB zu sehen. Im oberen Bereich können Sie außerdem zwischen den verschiedenen Menüs umschalten. So lassen sich Datenbanken auch in andere Regionen replizieren. Über den Bereich *Skalieren* von Azure-DBs, können Sie in Echtzeit zwischen den Editionen und den Leistungsdaten umschalten. Das macht die Datenbanken flexibel und bietet Unternehmen die Möglichkeit schnell auf verschiedene Editionen skalieren zu können.

Neben der Möglichkeit Einstellungen für die Datenbanken in Azure zu ändern, können Sie auch auf die Webverwaltungskonsole von Azure-DB zugreifen um ganze Datenbankserver zu verwalten. In der Verwaltungskonsole sind alle Azure-DBs auf dem Server zu sehen. Hier lassen sich Datenbanken auch importieren und bereitstellen.

An dieser Stelle können Sie auch Abfragen für Datenbanken erstellen, Aufgaben für die Datenbank erstellen, oder Ereignisse anzeigen. Hier lassen sich auch lokale SQL-Dateien über den Browser öffnen und auf die Azure-DB anwenden. Zusätzlich können Sie umfangreiche Informationen zu den Datenbanken auf dem Server anzeigen.

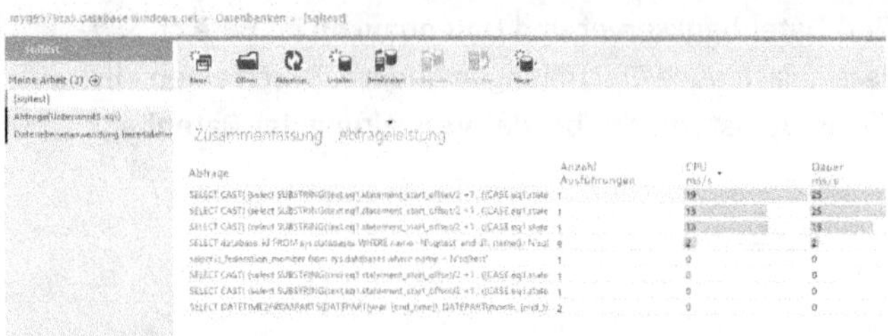

Abbildung 1.26: *In den Einstellungen der Datenbanken, können Administratoren auch umfassende Einstellungen für die einzelnen Datenbanken anzeigen*

Auf Basis der Verwaltung von SQL-Servern in Azure, können Sie im Webverwaltungsportal auch neue Tabellen, Views und Prozeduren erstellen und anpassen.

Natürlich können auch Offline-Verwaltungstools wie Visual Studio und andere MS-Werkzeuge für die Bearbeitung der Datenbanken verwendet werden. Die Verbindungsdaten dazu lassen sich im Webportal anzeigen. Wie bei Offline-Sicherungen von SQL-Servern, können Sie im Webportal des Datenbank-Servers auch Sicherungen durchführen und Datenbanken exportieren. Diese lassen sich dann entweder in andere Azure-DBs importieren oder auf lokalen SQL-Servern verwenden.

Die Datenbanken, die Unternehmen in Azure betreiben, lassen sich natürlich auch in anderen Azure-Diensten nutzen. Beispiel dafür sind die mobilen Dienste, oder auch HDInsight, die Big Data-Lösung in Azure auf Basis von Hadoop.

Bereitstellen einer SQL Server-Datenbank in Azure SQL

Sie haben in SQL Server 2014 auch die Möglichkeit lokale Datenbanken als Azure SQL-Datenbanken bereitzustellen. Dazu hat Microsoft die entsprechenden Assistenten im Kontextmenü der Datenbanken über Tasks integriert. In den folgenden Schritten zeigen wir Ihnen, wie Sie dazu vorgehen.

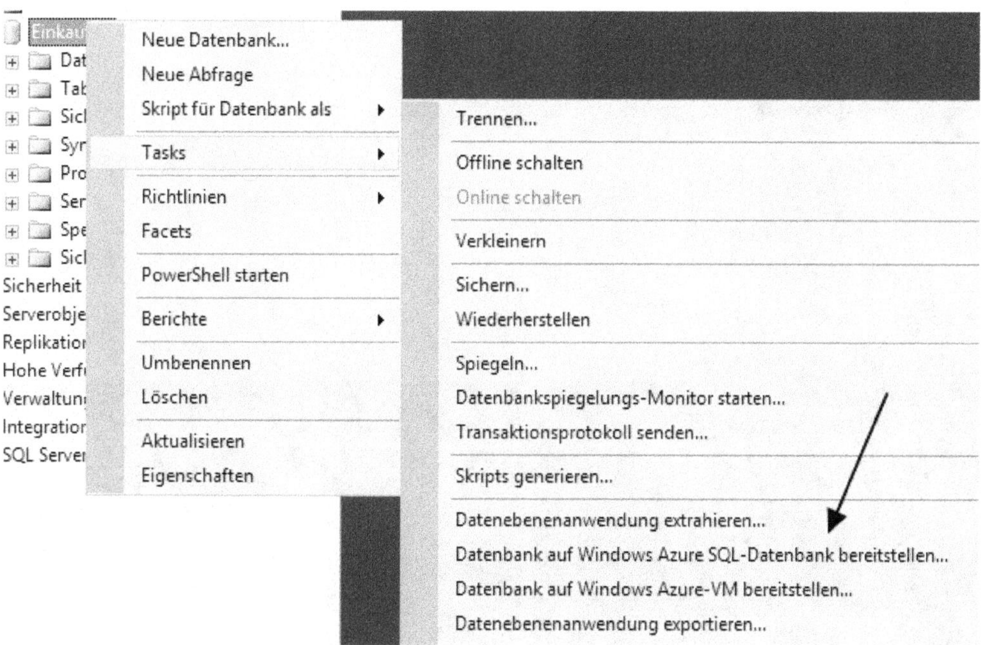

Abbildung 1.27: *Im SQL Server 2014 Management Studio können Sie Datenbanken auch in Azure SQL bereitstellen*

SQL-Server in Windows Azure bereitstellen

Damit Sie eine Datenbank von einem lokalen SQL-Server in Windows Azure bereitstellen können, benötigen Sie zunächst einen SQL-Server in Windows Azure. Diesen legen Sie im Webportal an, indem Sie im Bereich *SQL-Datenbanken* auf *Server* und dann auf *Hinzufügen* klicken.

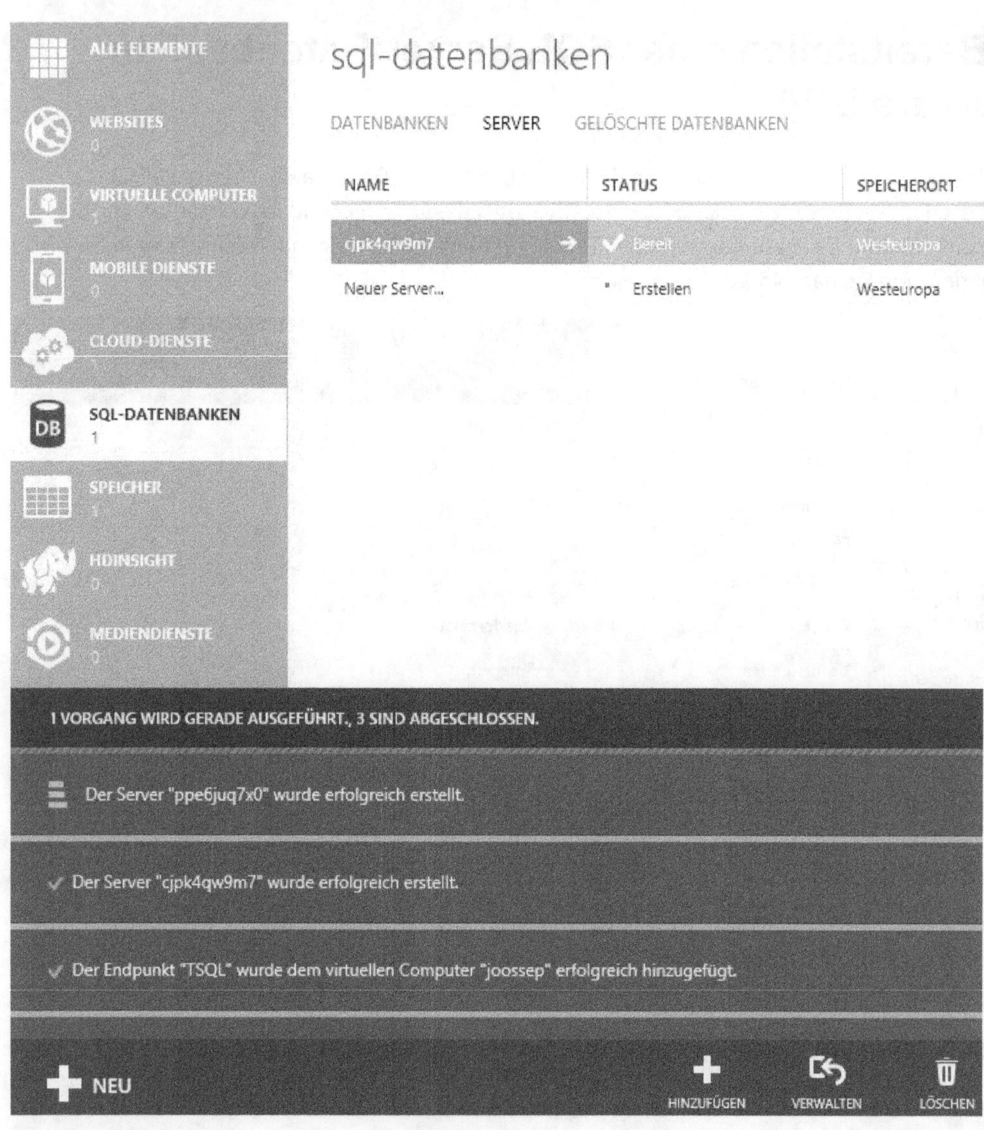

Abbildung 1.28: *In Windows Azure legen Sie auf Wunsch mehrere virtuelle SQL-Server an, auf denen wiederum verschiedene Datenbanken bereitgestellt werden können.*

Geben Sie einen Anmeldenamen und ein Kennwort für den Server ein. Wählen Sie auch die passende Region aus.

Abbildung 1.28: In Windows Azure müssen Sie zuerst einen Datenbank-Server anlegen, auf dem Sie eine lokale SQL Server 2014-Datenbank bereitstellen können.

Warten Sie ab, bis der neue Server als *Bereit* angezeigt wird. Danach klicken Sie den Server an und wählen im unteren Bereich des Fensters die Option *Verwalten*. Darüber wird in Windows Azure die Firewall für den Server so freigeschaltet, dass Sie den Server von Ihrem Standort aus verwalten können.

***Abbildung 1.30:** Damit virtuelle Azure SQL-Server im lokalen Netzwerk zur Verfügung stehen, muss die Firewall erst freigeschaltet werden*

Klicken Sie danach den Server an und rufen Sie das *Dashboard* auf.

ppe6juq7x0

 DASHBOARD DATENBANKEN KONFIGURIEREN

verwendungsübersicht

 BELEGT  VERFÜGBAR

Abbildung 1.31: *Im Dashboard verwalten Sie den SQL-Server in Windows Azure*

Auf der rechten Seite, etwa in der Mitte, sehen Sie die Verwaltungs-URL des neuen Servers. Kopieren Sie diese in die Zwischenablage. Sie benötigen den FQDN für die Anmeldung des lokalen SQL Server-Management-Studios von SQL Server 2014 an Windows Azure.

SQL-Datenbanken im SQL Server Management Studio zu Windows Azure übertragen

Im nächsten Schritt können Sie über das Kontextmenü der entsprechenden Datenbank die Option *Tasks\Datenbank auf Windows Azure SQL-Datenbank bereitstellen* auswählen. Hierüber startet ein Assistent, der Sie bei der Einrichtung unterstützt. Bestätigen Sie die Startseite und klicken Sie bei *Serververbindung* auf *Verbinden*.

Tragen Sie im neuen Fenster bei Servernamen den Namen des virtuellen SQL-Servers ein, aber ohne das Präfix https://. Sie benötigen nur den FQDN. Aktivieren Sie bei *Authentifizierung* noch *SQL Server-Authentifizierung* und geben Sie die Anmeldedaten des virtuellen SQL-Servers in Windows Azure ein.

Im Fenster wird die Verbindung aufgebaut, und Sie können jetzt die Edition der Datenbank in Azure auswählen sowie die Größe.

Zielverbindung angeben

Geben Sie den Namen der SQL Server-Instanz oder den Windows Azure SQL-Datenbankserver an, auf der bzw. dem die bereitgestellte Datenbank gehostet wird, benennen Sie die neue Datenbank, und klicken Sie auf 'Verbinden', um sich beim Zielserver anzumelden.

Serververbindung:

ppe6juq7x0 (superuser) | Verbinden...

Neuer Datenbankname:

EinkaufDB

Einstellungen der Windows Azure SQL-Datenbank

Edition der Windows Azure SQL-Datenbank: Web

Maximale Datenbankgröße (GB): 1

Weitere Einstellungen

Temporärer Dateiname:

C:\Users\administrator.CONTOSO\AppData\Local\Temp\2\EinkaufDB-20 | Durchsuchen...

Abbildung 1.32: *Im Assistenten zur Migration von Datenbanken verbinden Sie sich mit Windows Azure*

Danach schließen Sie den Assistenten ab. Sie sehen den Status der Übernahme im Fenster. Im Web-Portal von Windows Azure, ist die neue Datenbank ebenfalls zu sehen. Sie können im SQL-Server-Management Studio des lokalen SQL-Servers über das Kontextmenü des Datenbank-Servers eine Verbindung zur Azure-Datenbank aufbauen.

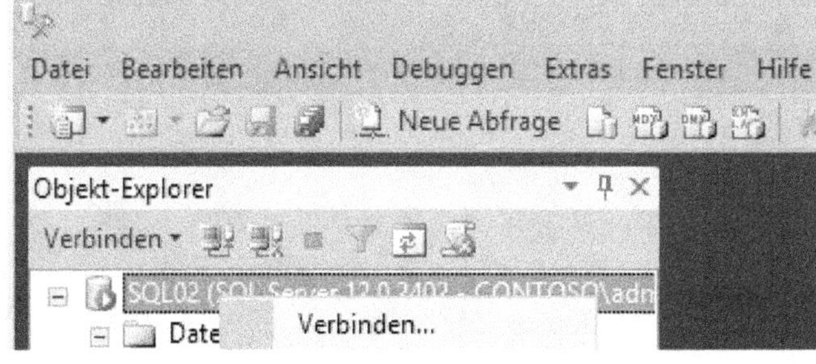

Abbildung 1.33: *Im SQL Server-Management Studio können Sie sich mit mehreren Servern verbinden*

Wählen Sie die Verbindungsdaten des virtuellen SQL-Servers in Windows Azure aus, können Sie sich mit diesem auf dem gleichen Weg verbinden, wie bei der Datenübernahme. Auch hier haben Sie die Möglichkeit die Daten zu verwalten.

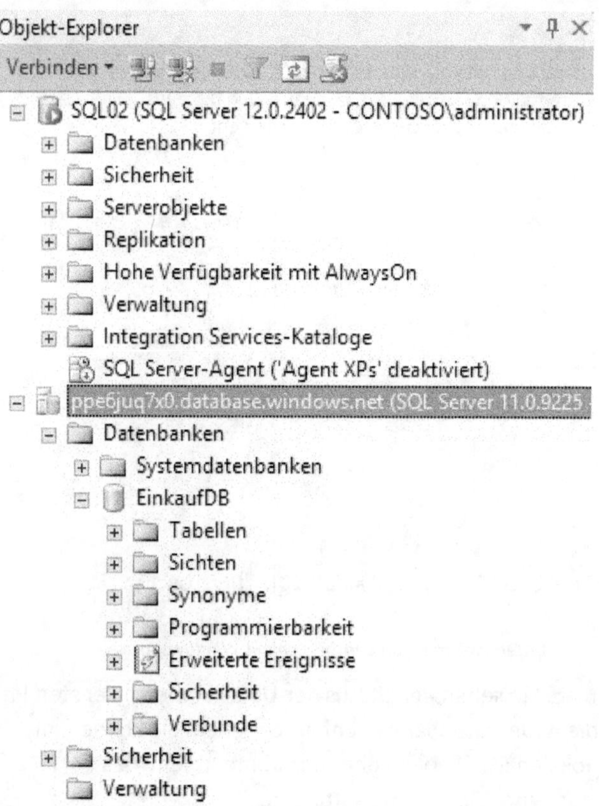

Abbildung 1.34: *Migrierte Datenbanken in Windows Azure, können Sie auch im lokalen SQL Server Management Studio verwalten*

SQL-Server-Datenbank in Windows Azure VM betreiben

Neben der Möglichkeit lokale SQL-Datenbanken in Azure-SQL zu betreiben, können Sie Datenbanken auch direkt in Windows Azure-VMs mit SQL Server 2014 bereitstellen. Dazu müssen Sie im Webportal von Windows Azure zunächst eine neue VM mit SQL Server 2014 erstellen. Wie Sie dazu vorgehen, lesen Sie in den nächsten Abschnitten.

Windows Azure-VM erstellen

In Windows Azure können Sie auf Basis von definierten Abbildern neue VMs erstellen. Dazu klicken Sie im Webportal von Windows Azure auf *Virtuelle Computer\Neu\Aus Katalog*. Wählen Sie als Image am besten SQL Server 2014 RTM mit Windows Server 2012 R2 aus. Anschließend konfigurieren Sie den neuen virtuellen Server noch.

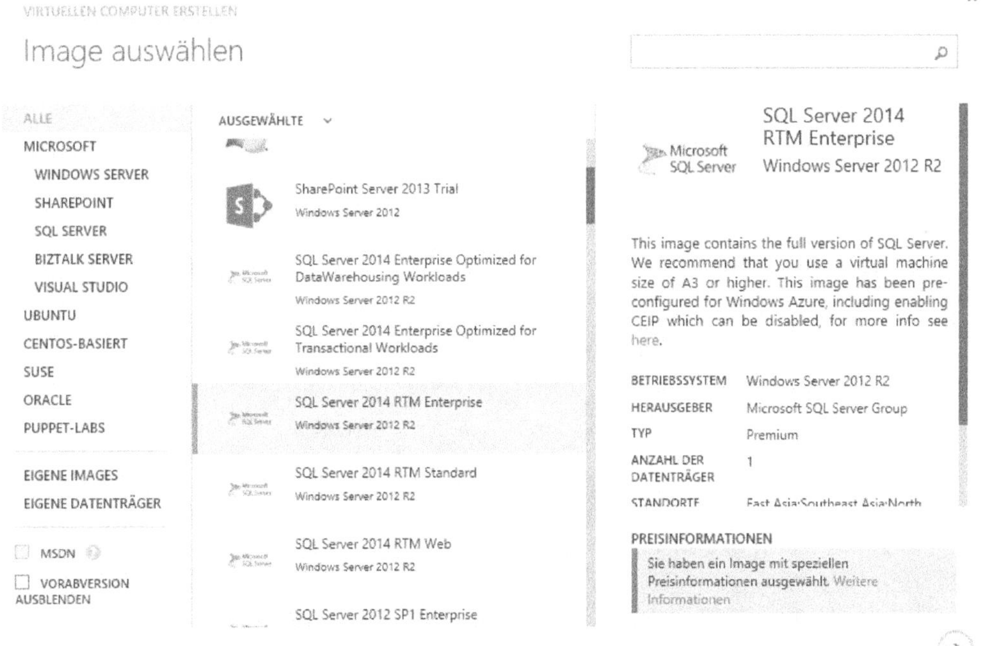

Abbildung 1.35: *In Windows Azure erstellen Sie eigene VMs mit bereits installiertem SQL-Server*

Im neuen Fenster legen Sie den Namen des Servers fest, dessen Größe und einen Benutzer, mit dem Sie den Server verwalten können.

VIRTUELLEN COMPUTER ERSTELLEN

Konfiguration des virtuellen Computers

VERÖFFENTLICHUNGSDATUM DER VERSION

09.06.2014

NAME DES VIRTUELLEN COMPUTERS

Fynn

EBENE

BASIC STANDARD

GRÖßE

A3 (4 Kerne, 7 GB Arbeitsspeicher)

NEUER BENUTZERNAME

superuser

NEUES KENNWORT BESTÄTIGEN

••••••••••• •••••••••••

Abbildung 1.36: *Festlegen der Daten für eine neue Azure-VM mit SQL Server 2014*

Danach legen Sie den Zugriffsort des Servers fest. In diesem Fenster steuern Sie auch die Endpunkte des Servers, also die Möglichkeit auf Dienste zuzugreifen. Verwenden Sie dazu den Port 11435. Mehr zu diesem Thema lesen Sie auch in der MSDN auf der Seite http://msdn.microsoft.com/de-de/library/dn195938.aspx. Sobald der Server zur Verfügung steht, starten Sie den Assistenten über das Kontextmenü der Datenbank.

Für die Anbindung einer lokalen SQL-Datenbank an einen virtuellen Computer in Windows Azure, benötigen Sie ein Verwaltungszertifikat. Wie Sie dabei vorgehen, lesen Sie auf der Seite http://msdn.microsoft.com/de-de/library/azure/gg551722.aspx. Sie können zu Testzwecken aber auch ein selbst signiertes Zertifikat auf Basis von *makecert.exe* verwenden. Zum Erstellen von neuen Zertifikaten verwenden Sie also das Tool *makecert.exe* aus dem Windows 8/8.1 SDK (http://msdn.microsoft.com/de-de/windows/desktop/aa904949.aspx).

Dieses Toolkit steht kostenlos zur Verfügung. Sie finden *makecert.exe* nach der Installation des Toolkits im Verzeichnis *C:\Program Files (x86)\Windows Kits\8.1\bin\x64*. Die Installation kann auch auf einer Arbeitsstation erfolgen. Sie müssen nur *makecert.exe* auf die beteiligten SQL-Server kopieren. Damit das Zertifikat mit Windows Azure funktioniert, verwenden Sie den Befehl:

makecert -sky exchange -r -n "CN=<CertificateName>" -pe -a sha1 -len 2048 -ss My "<CertificateName>.cer"

Das Verwaltungszertifikat laden Sie anschließend als CER-Datei in Windows Azure. Sie finden den Link dazu über *Einstellungen\Verwaltungszertifikate* im Azure-Webportal.

Lokale Datenbank mit Assistenten in Windows Azure-VM übertragen

Damit Sie eine lokale Datenbank in eine Windows Azure-VM übertragen können, müssen Sie im Server-Manager des lokalen Servers zunächst die erweiterten Sicherheitseinstellungen des Internet Explorers deaktivieren. Ansonsten ist keine Anmeldung an Windows Azure über den Assistenten möglich. Sie finden diese Einstellung auf der rechten Seite, wenn Sie auf *Lokaler Server* klicken.

Rufen Sie danach die Einstellungen des Internet Explorers auf und stellen Sie auf der Registerkarte *Sicherheit* den Schieberegler für die Sicherheitsstufe auf *Mittel*. Danach öffnen Sie das SQL Server Management Studio und klicken die Datenbank mit der rechten Maustaste an.

Wählen Sie *Tasks\Datenbank auf Windows Azure-VM bereitstellen*. Im Assistenten wählen Sie zunächst den lokalen Server und die Datenbank aus. Außerdem legen Sie ein temporäres Verzeichnis für die Übertragung fest.

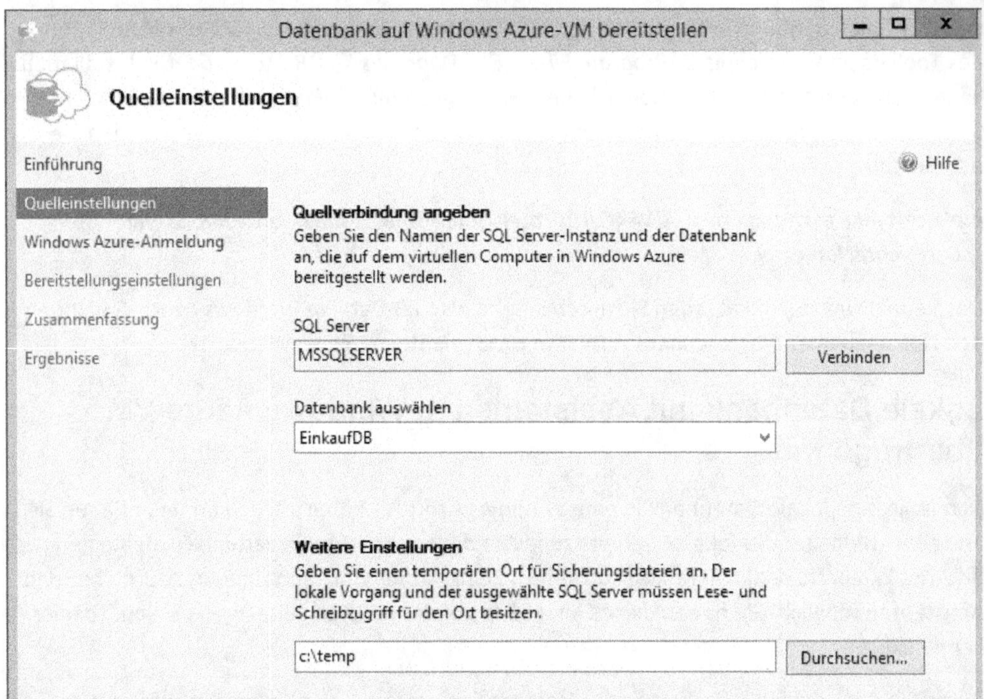

Abbildung 1.37: *Im SQL Server Management Studio unterstützt ein Assistent bei der Übertragung der Datenbank*

Auf der nächsten Seite wählen Sie das Verwaltungszertifikat aus, das Sie erstellt und in Windows Azure hochgeladen haben. Danach klicken Sie auf *Anmelden* und melden sich mit Ihrem Konto an Windows Azure an. Das Fenster nutzt den Internet Explorer für die Verbindung. Wenn etwas nicht funktioniert, müssen Sie die Sicherheitseinstellungen des Internet Explorers bearbeiten. Wählen Sie danach Ihr Azure-Abonnement aus und klicken Sie auf *Weiter*.

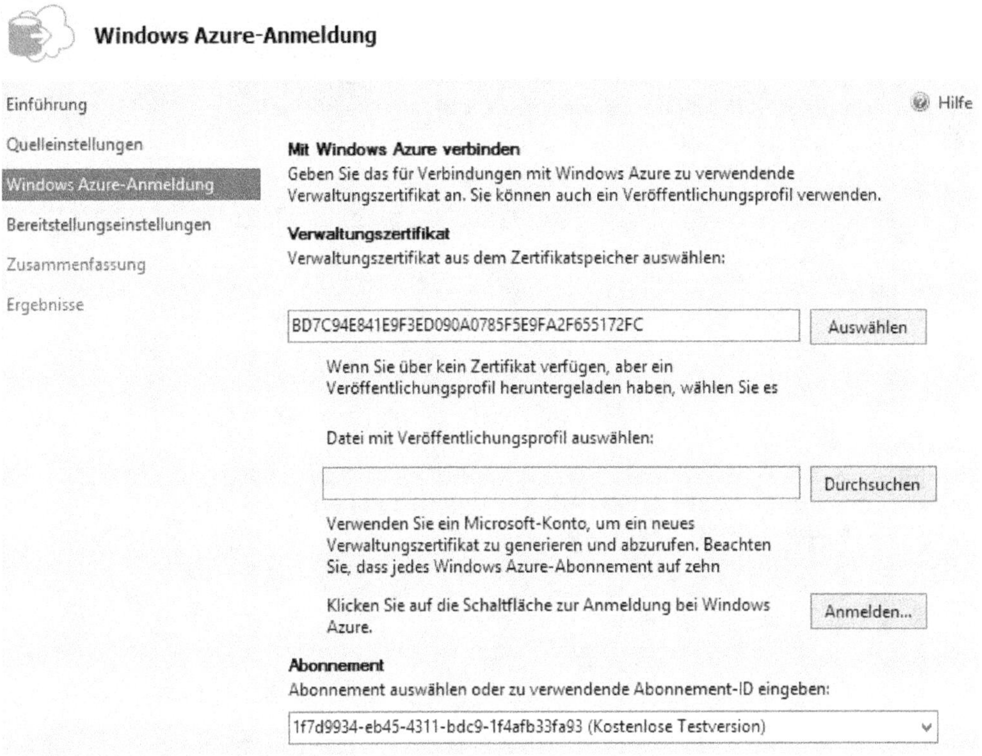

Windows Azure-Anmeldung

Einführung
Quelleinstellungen
Windows Azure-Anmeldung
Bereitstellungseinstellungen
Zusammenfassung
Ergebnisse

Hilfe

Mit Windows Azure verbinden
Geben Sie das für Verbindungen mit Windows Azure zu verwendende Verwaltungszertifikat an. Sie können auch ein Veröffentlichungsprofil verwenden.

Verwaltungszertifikat
Verwaltungszertifikat aus dem Zertifikatspeicher auswählen:

BD7C94E841E9F3ED090A0785F5E9FA2F655172FC | Auswählen

Wenn Sie über kein Zertifikat verfügen, aber ein Veröffentlichungsprofil heruntergeladen haben, wählen Sie es

Datei mit Veröffentlichungsprofil auswählen:

Durchsuchen

Verwenden Sie ein Microsoft-Konto, um ein neues Verwaltungszertifikat zu generieren und abzurufen. Beachten Sie, dass jedes Windows Azure-Abonnement auf zehn

Klicken Sie auf die Schaltfläche zur Anmeldung bei Windows Azure. | Anmelden...

Abonnement
Abonnement auswählen oder zu verwendende Abonnement-ID eingeben:

1f7d9934-eb45-4311-bdc9-1f4afb33fa93 (Kostenlose Testversion)

Abbildung 1.38: *Im Assistenten zur Übertragung der Datenbank wählen Sie Ihr Abonnement aus*

Auf dem nächsten Fenster wählen Sie den Namen des Servers und des dazu gehörigen Dienstes aus. In den Einstellungen müssen Sie noch den Benutzernamen und das Kennwort für die Anmeldung am Server eingeben. Dieses haben Sie beim Erstellen des virtuellen Servers festgelegt.

Wichtig in diesem Bereich ist auch, dass Sie den Endpunkt mit dem Port 11435 für den virtuellen Computer in Azure festgelegt haben. Wenn die Verbindung nicht funktioniert, überprüfen Sie die Endpunkte für den Server im Webportal von Windows Azure. Bestätigen Sie danach die Verbindung zum Computer mit *Verleger vertrauen und verbinden*. Anschließend wählen Sie den Namen der Datenbank aus, wie diese auf dem Ziel-Server benannt werden soll.

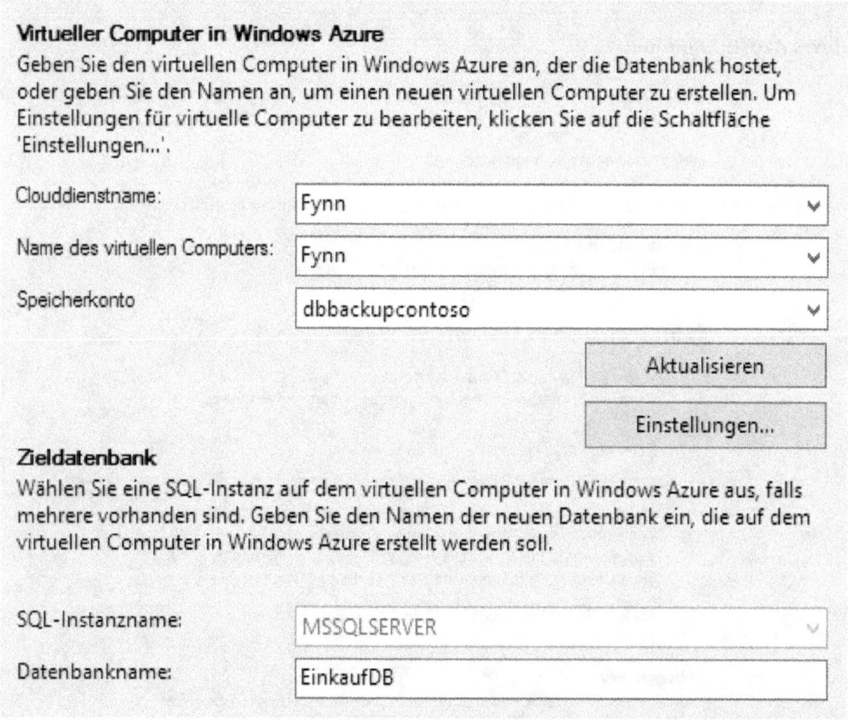

Virtueller Computer in Windows Azure

Geben Sie den virtuellen Computer in Windows Azure an, der die Datenbank hostet, oder geben Sie den Namen an, um einen neuen virtuellen Computer zu erstellen. Um Einstellungen für virtuelle Computer zu bearbeiten, klicken Sie auf die Schaltfläche 'Einstellungen...'.

Clouddienstname: Fynn

Name des virtuellen Computers: Fynn

Speicherkonto dbbackupcontoso

Aktualisieren

Einstellungen...

Zieldatenbank

Wählen Sie eine SQL-Instanz auf dem virtuellen Computer in Windows Azure aus, falls mehrere vorhanden sind. Geben Sie den Namen der neuen Datenbank ein, die auf dem virtuellen Computer in Windows Azure erstellt werden soll.

SQL-Instanzname: MSSQLSERVER

Datenbankname: EinkaufDB

Abbildung 1.39: *Übertragen einer Datenbank in Windows Azure*

Schließen Sie danach die Übertragung ab. Die Datenbank wird jetzt in der Windows Azure-VM bereitgestellt. Sie können diese jetzt in der VM verwenden.

Praxis: Speicheroptimierte Tabellen - In-Memory OLTP (Hekaton)

Besonders interessant für Datenbank-Entwickler, ist die Möglichkeit Tabellen oder Datenbanken direkt in den Arbeitsspeicher auszulagern. Dieses Feature ist der Enterprise-Edition vorbehalten. Nicht alle Datenbanken oder verbundene Prozeduren können diese Funktion nutzen.

Die Funktion bietet den Vorteil, dass zahlreiche Anwender gleichzeitig lesen und schreiben können, ohne dass die Leistung der Datenbank beeinträchtigt wird. Dazu werden die Daten in SQL Server 2014 nicht mehr gesperrt, sondern sind Sperrfrei. Das heißt, es gibt keinerlei Sperren in diesem Bereich mehr, die das System ausbremsen.

Grundlagen zu In-Memory OLTP aka Hekaton

Ob eine Migration bestehender Tabellen zu OLTP möglich ist, erfahren Sie in der MSDN auf den Seiten http://msdn.microsoft.com/de-de/library/dn205133.aspx und http://msdn.microsoft.com/de-de/library/dn247639.aspx. Für diese Funktion benötigen Sie keine Anbindung an Windows Azure, da die Technologie komplett für lokale Server entwickelt wurde.

Bei Hekaton werden außerdem Abfragen zu DLL kompiliert. Das erhöht deutlich die Leistung der Abfragen. Bei der Ausführung solcher Abfragen muss nichts mehr interpretiert werden, sondern die Abfrage wird direkt ausgeführt. Diese kompilierte gespeicherten Prozeduren nutzen die speicheroptimierten Tabellen noch besser und können dadurch die Leistung mit Hekaton noch weiter erhöhen. Erreicht wird das auch durch eine deutliche Reduzierung der Anweisungen.

Um eine solche gespeicherte Prozedur zu erstellen, verwenden Sie in der Anweisung *Create Procedure* noch die Option *with native_compilation, schemabinding, execute as owner*. In der Prozedur können Sie mit *Begin Atomic with* alle Aktionen der Prozedur wieder zurücknehmen, wenn das notwendig ist. Ansonsten sehen die Prozeduren komplett gleich aus, wie mit SQL Server 2012 und früher.

Für Hekaton-Tabellen gibt es keine Constraints und keine automatische Pflege der Index-Statistiken. Sie können mit den Tabellen kein *Truncate Table* nutzen. Es gibt auch keine Identity-Eigenschaften. Derzeit lassen sich auch keine datenbankübergreifende Operationen durchführen. Dazu kommt, dass nicht alle Datentypen unterstützt werden.

In-Memory-Tabellen erstellen, konfigurieren und optimieren

Um eine speicheroptimierte Tabelle zu erstellen, verwenden Sie bei einer Create Table-Anweisung noch die Erweiterung *With (Memory_Optimized = On, Durability = Schema_And_Data);*

Auch speicheroptimierte Tabellen sind dauerhaft, das heißt es werden Transaktionsprotokolle mit geschrieben und verwendet. Auch bei einem Stromausfall gehen bei solchen Tabellen keinerlei Daten verloren. Zusätzlich können Sie für diese Tabellen auch bessere Hash-Indexe erstellen. Diese sparen Speicherplatz. Sie können mit der Erstellung der Tabelle auch gleich mehrere Indexe erstellen lassen.

Anstatt einer Abfrage selbst zu erstellen, können Sie im Kontextmenü der Tabellen in einer Datenbank über das Kontextmenü die Option *Neu\Neue Speicheroptimierte Tabelle* auswählen. Anschließend öffnet sich eine Beispiel-Abfrage zu den Möglichkeiten einer solchen Tabelle.

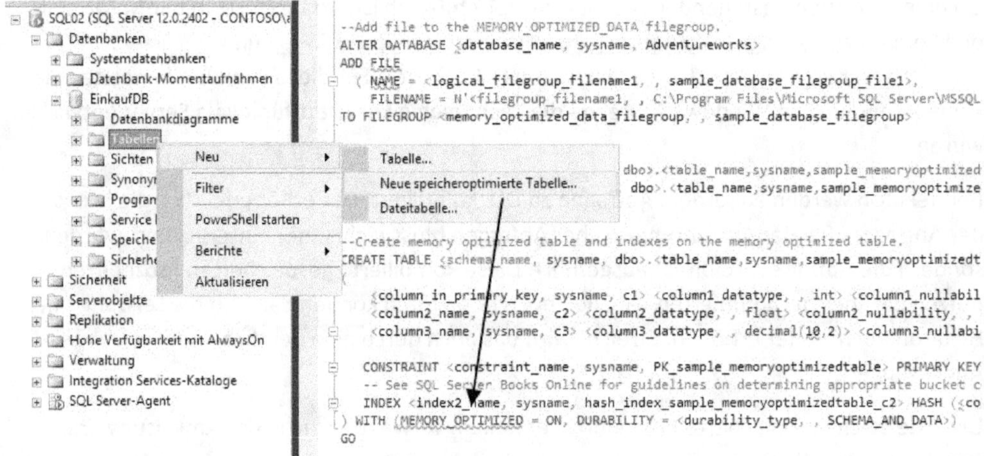

Abbildung 1.35: *Speicheroptimierte (Hekaton)-Tabellen erstellen Sie entweder als manuelle Abfrage oder über das SQL Server 2014 Management Studio*

Wenn Sie nicht wissen, welche Tabellen Sie optimieren sollen, können Sie neue Berichte nutzen, welche die Transaktionsleistungen messen können.

Sie können die Leistung solcher speicheroptimierten Tabellen noch einmal deutlich erhöhen. Dazu können Sie zum Beispiel die Dauerhaftigkeit anpassen. Die Option *durability* können Sie dazu auf *schema_only* setzen. Bei diesem Vorgang werden die Daten nur im Hauptspeicher gehalten, gehen bei einem Stromausfall aber verloren. Der Vorteil dieser Option ist eine nochmal stark ansteigende Leistung der Tabellen.

In-Memory OLTP testen

Um sich die Möglichkeiten von In-Memory OLTP anzusehen, können Sie die SQL-Testdatenbank AdventureWorks verwenden. Diese laden Sie zunächst von der Seite http://msftdbprodsamples.codeplex.com/downloads/get/417885. Danach binden Sie diese in SQL Server 2014 an und aktivieren OLTP:

1. Entpacken Sie das heruntergeladene ZIP-Archiv. Kopieren Sie die Dateien in ein temporäres Verzeichnis auf dem Datenbank-Server.
2. Bei den entpackten Dateien handelt es sich um eine Sicherung der Test-Datenbank. Sie können diese im SQL Server Management Studio wiederherstellen, indem Sie die Wiederherstellung von Datenbanken aufrufen (Rechtsklick auf *Datenbanken*).
3. Wählen Sie im Assistenten zur Wiederherstellung die BAK-Datei der Adventure-Datenbank aus und lassen Sie die Datenbank wiederherstellen. Wenn der Vorgang erfolgreich abgeschlossen ist, finden Sie die Datenbank in der Liste im SQL Server-Management-Studio.
4. Rufen Sie die Eigenschaften der Datenbank auf und stellen Sie sicher, dass der Datenbank-Besitzer korrekt gesetzt ist.
5. Laden Sie sich danach die Beispieldatei für OLTP bei Microsoft herunter (https://msftdbprodsamples.codeplex.com/releases/view/114491).
6. Entpacken Sie auch dieses Verzeichnis. Klicken Sie doppelt auf die Abfragedatei, damit diese im SQL Server Management-Studio geöffnet wird.
7. Aktualisieren Sie den Wert der Variablen *checkpoint_files_location*, sodass dieser einem Pfad entspricht, der auf dem Computer vorhanden ist. Am Ende des Pfades muss noch ein Schrägstrich aufgenommen werden (\). In einer produktiven Umgebung sollten die Datenbankdateien, Transaktionsprotokolle und die Checkpoint-Dateien auf verschiedenen Laufwerken gespeichert sein.
8. Klicken Sie im SQL Server Management-Studio auf *Abfrage\SQLCMD-Modus*.
9. Klicken Sie auf *Ausführen*. Für die Testdatenbank und die Tabellen wird jetzt OLTP aktiviert.
10. Die neuen speicheroptimierten Tabellen erhalten das Suffix „_inmem". Tabellen die auf der Festplatte gespeichert sind, erhalte das Suffix „_ondisk". Mit diesen beiden Tabellenvarianten können Sie jetzt Vergleiche der Leistung zwischen Tabellen im Arbeitsspeicher und auf der Festplatte vornehmen.

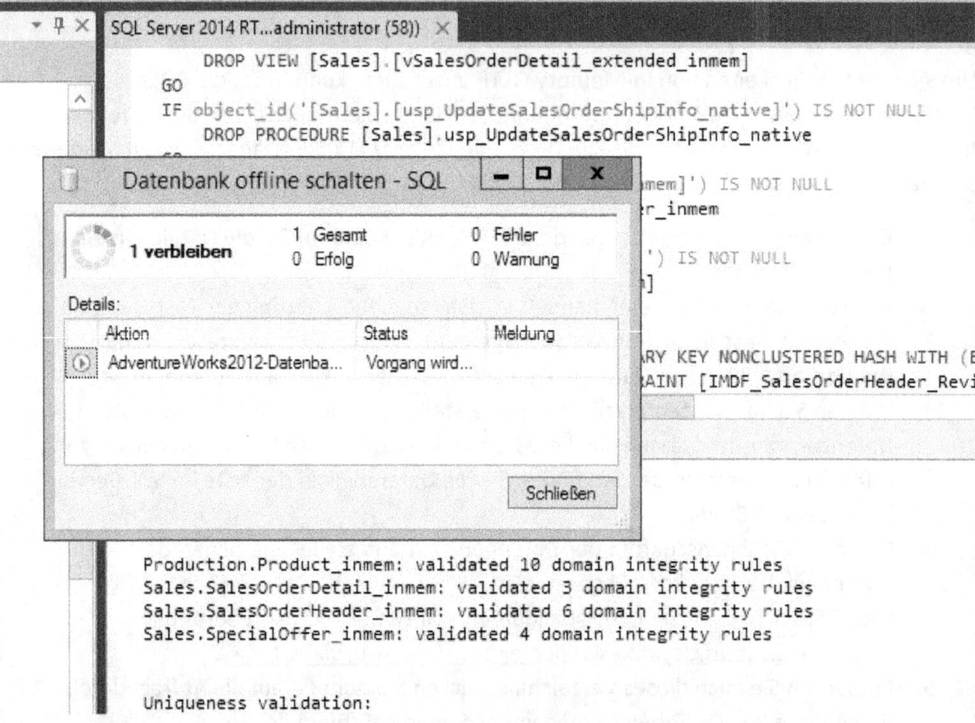

***Abbildung 1.28:** Mit einer Beispielabfrage können Sie OLTP in SQL Server 2014 testen und auch einen Leistungsvergleich starten*

Neben den Tabellen, können Sie auch die Stored Procedures migrieren lassen, damit diese direkt auf die Daten im Speicher zugreifen können.

Datensicherung verschlüsseln

In SQL Server 2014 können Sie die Sicherung einer Datenbank verschlüsseln lassen. In den folgenden Abschnitten zeigen wir Ihnen, wie Sie dazu vorgehen.

Grundlagen zur Verschlüsselung in SQL Server 2014

Sie können lokale Datensicherungen genauso verschlüsseln, wie die Datensicherung von SQL Server 2014 in der Cloud. Um eine Sicherung zu verschlüsseln, müssen Sie einen Verschlüsselungsalgorithmus und eine Verschlüsselungsmethode festlegen. SQL Server 2014 unterstützt die Verschlüsselungsalgorithmen AES 128, AES, AES 192 256 und Triple DES. Als Verschlüsselung können Sie entweder ein Zertifikat oder einen asymmetrischen Schlüssel verwenden. Wollen Sie eine Sicherung wiederherstellen, ist das Zertifikat, oder der asymmetrische Schlüssel notwendig.

Sie können mit der Sicherungsverschlüsselung in SQL Server 2014 auch Sicherungen von Datenbanken verschlüsseln, die selbst verschlüsselt sind. Die Funktionen stehen allerdings in den Editionen SQL Server Express und SQL Server Web nicht zur Verfügung. Außerdem können Sie die Sicherungen nur auf Servern mit SQL Server 2014 wiederherstellen. Die Verschlüsselung können Sie entweder im Management Studio durchführen, oder über T-SQL. Auch die PowerShell können Sie zur Verschlüsselung verwenden.

Verschlüsselung der Datensicherung vorbereiten

Sie benötigen zunächst einen Datenbank-Hauptschlüssel der Masterdatenbank. Diesen legen Sie am besten mit einer T-SQL-Abfrage an:

```
USE master;

GO

CREATE MASTER KEY ENCRYPTION BY PASSWORD = '<Kennwort>';

GO
```

Idealerweise sollten Sie auch noch ein Zertifikat für die Sicherung erstellen. Auch dazu verwenden Sie eine T-SQL-Abfrage:

```
Use Master

GO

CREATE CERTIFICATE backupcert

  WITH SUBJECT = 'Mein Sicherungs-Zertifikat';
```

GO

Verschlüsselte Sicherung mit T-SQL oder PowerShell durchführen

Wenn Sie die Vorbereitungen getroffen haben, können Sie die Sicherung ebenfalls mit T-SQL erstellen. Um eine Datenbanken verschlüsselt über T-SQL zu sichern, verwenden Sie zum Beispiel folgendes Skript:

```
BACKUP DATABASE [Einkauf]
TO DISK = N'C:\backup\Einkauf.bak'
WITH
 COMPRESSION,
 ENCRYPTION
 (
 ALGORITHM = AES_256,
 SERVER CERTIFICATE = backupcert
 ),
 STATS = 10
GO
```

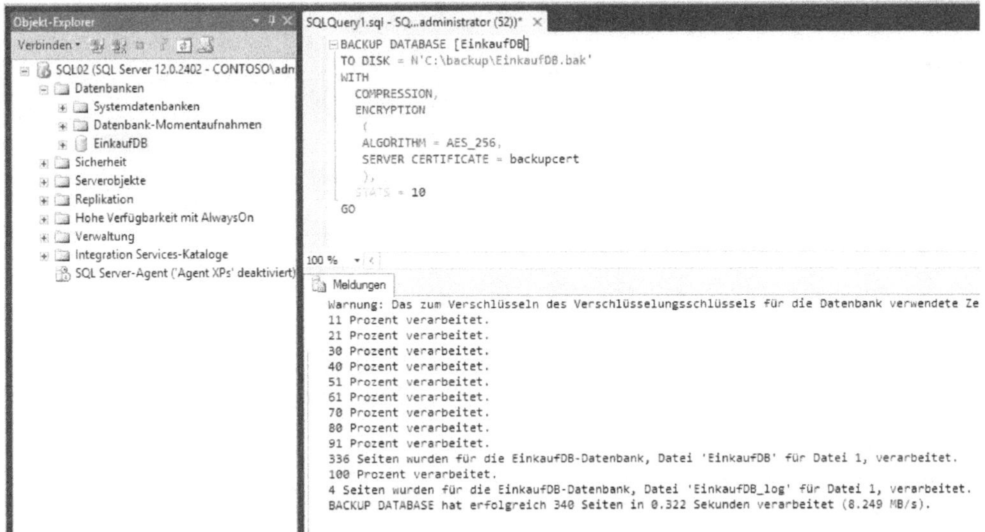

Abbildung 1.29: *Über T-SQL-Skripte sichern Sie Datenbanken auch verschlüsselt*

In der PowerShell verwenden Sie:

$encryptionOption = New-SqlBackupEncryptionOption -Algorithm Aes256 -EncryptorType ServerCertificate -EncryptorName "BackupCert"

Backup-SqlDatabase -ServerInstance . -Database "EinkaufDB" -BackupFile "EinkauDB.bak" -CompressionOption On -EncryptionOption $encryptionOption

Natürlich können Sie die verschlüsselte Sicherung auch auf einem Datenbankserver mit der grafischen Oberfläche durchführen. Dazu gibt es im Bereich *Sicherungsoptionen* den Abschnitt zur *Verschlüsselung*.

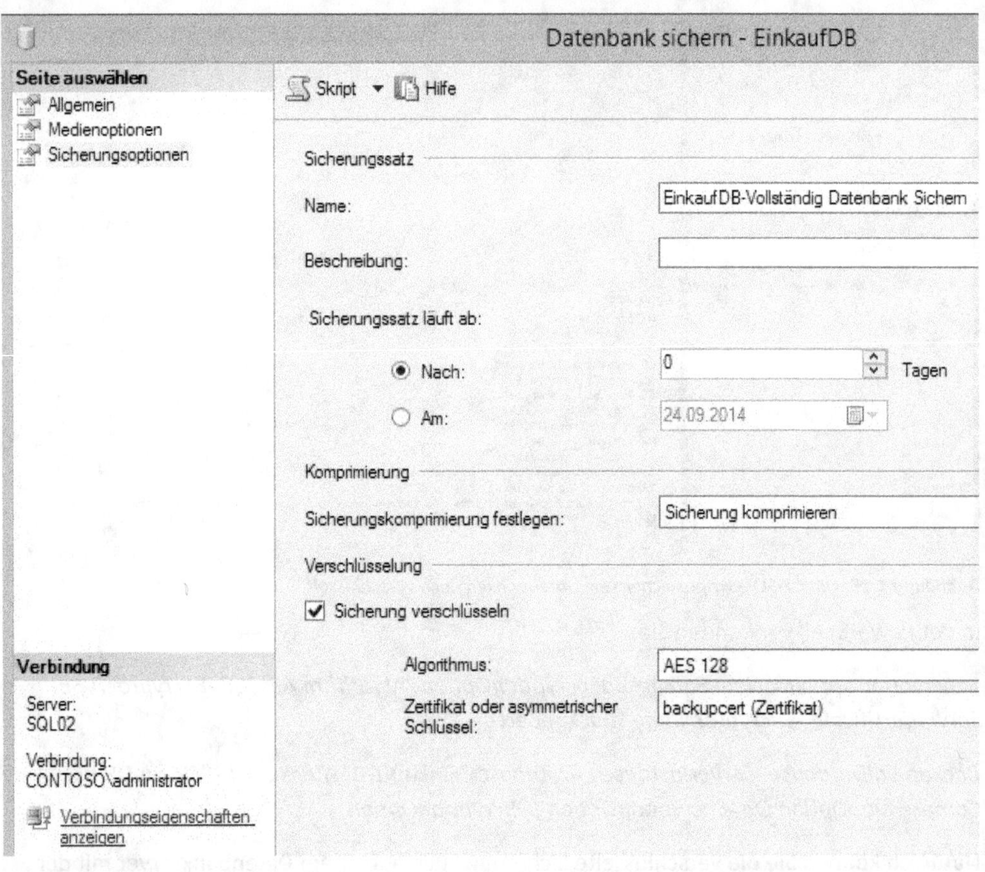

Abbildung 1.30: *Eine verschlüsselte Datensicherung können Sie auch über die grafische Oberfläche vornehmen*

Index

Impressum

Thomas Joos

Hof Erbach 1

74206 Bad Wimpfen

E-Mail: thomas.joos@live.de

Verantwortlich für den Inhalt (gem. § 55 Abs. 2 RStV):

Thomas Joos, Hof Erbach 1, 74206 Bad Wimpfen

Disclaimer – rechtliche Hinweise

§ 1 Haftungsbeschränkung

Die Inhalte diesem Buch werden mit größtmöglicher Sorgfalt erstellt. Der Anbieter übernimmt jedoch keine Gewähr für die Richtigkeit, Vollständigkeit und Aktualität der bereitgestellten Inhalte. Die Nutzung der Inhalte des Buches erfolgt auf eigene Gefahr des Nutzers. Namentlich gekennzeichnete Beiträge geben die Meinung des jeweiligen Autors und nicht immer die Meinung des Anbieters wieder. Mit der reinen Nutzung des Buches des Anbieters kommt keinerlei Vertragsverhältnis zwischen dem Nutzer und dem Anbieter zustande.

www.ingramcontent.com/pod-product-compliance
Lightning Source LLC
Chambersburg PA
CBHW071257170526
45165CB00003B/1378
* 9 7 8 1 5 0 2 5 0 5 8 3 5 *